Il Sentiero senza Tempo

Il Sentiero senza Tempo

Guida alle fasi dell'Evoluzione Spirituale

Swami Ramakrishnananda Puri

Mata Amritanandamayi Center, San Ramon
California, Stati Uniti

Il Sentiero senza Tempo
Guida alle fasi dell'Evoluzione Spirituale
di Swami Ramakrishnananda Puri

Pubblicato da:
Mata Amritanandamayi Center
P.O. Box 613
San Ramon, CA 94583
Stati Uniti

———————————— *The Timeless Path (Italian)* ——————————

Prima edizione a cura del MA Center: agosto 2016

In Italia: www.amma-italia.it

In India:
inform@amritapuri.org
www.amritapuri.org

Dedica

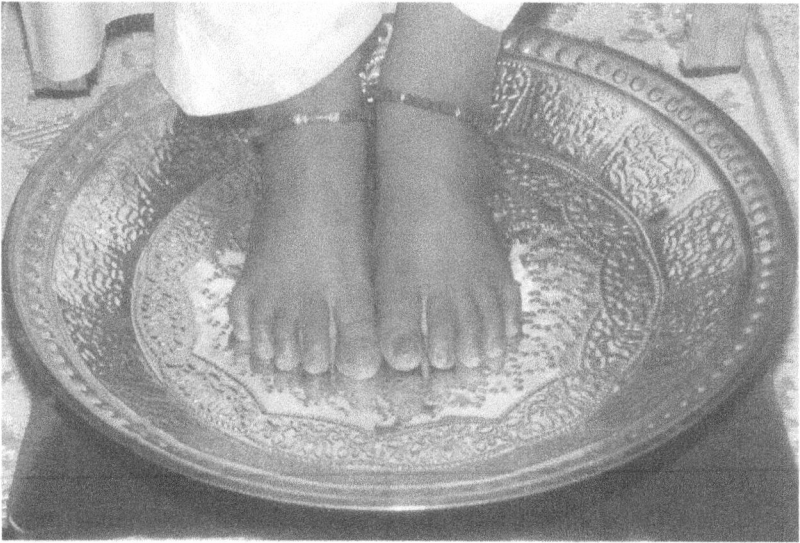

Offro umilmente questo libro ai Piedi di Loto
del mio Sadguru, Sri Mata Amritanandamayi Devi

Indice

Prefazione

Il Sentiero senza Tempo

O Dea, affinché io possa venire a vivere alla tua presenza,
ti prego, guidami lungo questo sentiero senza tempo.
Incantatrice dell'universo, ti prego, guidami sempre.
O incarnazione di coscienza, esistenza e beatitudine,
a te m'inchino con le mani giunte.

— dal bhajan 'En Mahādevi Lokeśi Bhairavi'
di Amma

L a spiritualità è spesso definita un sentiero. Ma dove esso effettivamente comincia e dove finisce? Dove ci porta? E ancora, chi effettivamente lo prepara? È il ricercatore a farsi strada nella giungla solo col suo machete come un pioniere o la strada è già stata predisposta prima di lui dai maestri del passato? Ci sono molti sentieri o uno soltanto? E come figli di Amma, cos'è esattamente il sentiero che lei prepara davanti a noi? Se la vita spirituale è davvero un viaggio, allora queste domande sono tutte importanti.

Nel bhajan che serve da apertura a questa prefazione, Amma prega la Devi di guidarla lungo il śāśvata mārga. Śāśvata significa 'eterno' e mārga 'sentiero'. Non dobbiamo però pensare che l'aggettivo 'eterno' indichi che il sentiero non ha fine. Quello che Amma intende è che il sentiero spirituale è *senza tempo* – che per ogni generazione, in ogni ciclo della creazione, esso rimane lo stesso.

L'Induismo è spesso definito come Sanātana Dharma – La Via Eterna della Vita. Questo perché i Veda, le prime Scritture a descrivere il sentiero spirituale, sono dette *anādi* – senza inizio – e *ananta* – sempre esistenti. I Veda non sono creazioni umane, ma una parte eterna dell'universo. Come alcuni poeticamente hanno detto, sono il 'respiro di Dio'. Non vengono riscritti a ogni nuovo ciclo della creazione, ma piuttosto 'sorgono' nella mente dei santi e dei saggi – uomini e donne dalla mente così pura che i *mantra* e le verità dei Veda appaiono loro come scritti nel vento. Sono questi uomini e queste donne che trasmettono i Veda ai loro discepoli ed è così che vengono tramandati di generazione in generazione, in un lignaggio senza fine.

In questo libro esploreremo il Sentiero senza Tempo, esaminando da vicino le sue principali curve e svolte. Vedremo anche come, nonostante Amma non abbia mai studiato le scritture, il sentiero che lei indica è lo stesso presentato nei Veda e riformulato in successivi testi sacri tradizionali quali la Bhagavad Gita. Come Amma rispose una volta a un giornalista che le aveva chiesto quale fosse il suo insegnamento: "Il mio sentiero è il sentiero di Sri Krishna[1]; non c'è nulla di nuovo".

Nel corso della nostra lettura vedremo che quelli che molti considerano molteplici e differenti sentieri – *karma yoga*, meditazione, *jñāna yoga, ecc.* – sono in verità i vari aspetti di un solo sentiero. Come Amma dice spesso: "*Karma* (azione), *jñāna* (conoscenza) e *bhakti* (devozione) sotto tutte essenziali. Se le due ali di un uccello sono la devozione e l'azione, la conoscenza ne è la coda. Solo con l'aiuto di tutte e tre, l'uccello può volare in alto". Il karma yoga e le pratiche come la meditazione sospingono il ricercatore, mentre la saggezza trasmessa dai maestri gli dà la giusta direzione.

Chi come Amma possiede l'autentica visione spirituale accetta tutte le religioni, comprendendo il giusto posto che le diverse pratiche hanno nel grande schema dell'unico sentiero.

---

[1] Ciò che viene chiamato "il sentiero di Krishna", così com'è presentato nella Bhagavad Gita, è una ricapitolazione del sentiero vedico.

Come Amma ha spiegato nel 2000, all'Assemblea Generale delle Nazioni Unite di New York: "Lo scopo delle le religioni è uno – la purificazione della mente umana".

L'Induismo ha i suoi metodi per la purificazione della mente, come il Buddhismo ha i suoi, e così i Cristiani, gli Ebrei, i Giainisti, i Musulmani, ecc. Il Sanātana Dharma li accetta tutti. Alla fine, tuttavia, quando la mente è stata purificata, il ricercatore spirituale deve trascendere queste pratiche e arrivare a comprendere la sua vera natura, perché è solo in questo che egli raggiunge la fine del Sentiero senza Tempo. Dopotutto, come dicono i Veda e il sentiero da questi indicato, l'ignoranza spirituale è anch'essa definita senza inizio. Ma a differenza dei Veda, l'ignoranza ha una fine che giunge con la comprensione piena di beatitudine che ciò che è davvero senza tempo, in realtà, è il nostro stesso Sé.

Swami Ramakrishnananda Puri
Amritapuri, marzo 2009

Sri Mata Amritanandamayi

"Finché avrà la forza sufficiente per abbracciare
chiunque venga da lei, per porre la mano sulla spalla
di una persona in lacrime, Amma continuerà a dare il
darshan. Accarezzare con amore le persone, consolarle
e asciugare le loro lacrime fino alla fine di questa
forma mortale – questo è il desiderio di Amma".

—Amma

Attraverso i suoi straordinari gesti d'amore e il suo sacrificio personale, Sri Mata Amritanandamayi Devi, meglio conosciuta come Amma (Madre), è divenuta cara a milioni di persone in tutto il mondo. Accarezzando teneramente e stringendo al cuore in un abbraccio pieno d'amore tutti coloro che vanno da lei, Amma condivide il suo amore sconfinato con tutti, indipendentemente dal loro credo, dal loro status o dal motivo per cui vanno da lei. In questo modo semplice ma potente, un abbraccio per volta, Amma sta trasformando la vita di innumerevoli persone, aiutando i loro cuori a sbocciare. Negli ultimi 37 anni, Amma ha abbracciato fisicamente più di 29 milioni di persone in tutto il mondo.

Il suo instancabile spirito di dedizione nell'elevare gli altri ha ispirato una vasta rete di attività umanitarie, attraverso cui le persone stanno scoprendo il profondo senso di pace e di appagamento interiore che proviene dal servire disinteressatamente gli altri. Amma insegna che il divino esiste in ogni cosa, senziente o non senziente. Realizzare questa verità è l'essenza della spiritualità – il mezzo per porre fine a tutte le sofferenze.

Gli insegnamenti di Amma sono universali. Ogni qualvolta le venga chiesto quale sia la sua religione, lei risponde che la sua religione è l'amore. Amma non chiede a nessuno di credere in Dio, né di cambiare la sua fede, ma soltanto di indagare sulla propria reale natura e di credere in se stessi.

Capitolo Uno

Perché le persone vengono da Amma

*"Proprio come il nostro corpo ha bisogno del
cibo adatto per vivere e crescere, così la nostra
anima ha bisogno dell'amore per sbocciare. La
forza e il nutrimento che l'amore può dare alla
nostra anima sono più potenti perfino del potere
nutritivo del latte materno per un bambino".*

—Amma

Una delle prime cose che si notano quando si partecipa
a un programma di Amma, è che le persone arrivano
da ogni parte – da tutte le religioni, da tutti i paesi, da
ogni ceto sociale. Alcune percorrono il sentiero spirituale da
decenni, altre non hanno mai preso in mano un libro spirituale in
vita loro. Qualcuno viene perché soffre mentalmente, fisicamente
o ha difficoltà materiali, e spera che Amma possa aiutarlo. Altri
sono semplici curiosi: hanno visto Amma sui giornali o alla TV,
e vogliono verificare di persona chi sia o cosa sia questa faccenda
della 'Santa che abbraccia'. Poi ci sono i ricercatori, sia novizi
che adepti, i quali credono che Amma sia un maestro spirituale
illuminato, capace di condurli allo scopo ultimo della vita umana
– la realizzazione del Sé.

La maggior parte delle persone viene da Amma perché ha
qualche problema e spera che lei possa risolverlo. Nella Bhagavad
Gita, Krishna chiama *ārta* le persone che si rivolgono a Dio o a
un *mahātma* per essere salvate da gravi difficoltà. Amma inizia
spesso i suoi discorsi in pubblico rivolgendosi a questo tipo di

individui, dicendo: "Amma sa che il 90 per cento delle persone qui presenti soffre fisicamente o emotivamente. Alcuni non hanno un lavoro. Altri hanno un lavoro ma vogliono un aumento di stipendio. Altri ancora non riescono a trovare dei pretendenti per le loro figlie o sono coinvolti in casi giudiziari. Qualcuno non ha il denaro per acquistare una casa, altri possiedono la casa ma non riescono a venderla e altri ancora soffrono di malattie incurabili...". Amma dice che preoccuparsi non serve a nulla, sarebbe come guardare una ferita e mettersi a piangere. Afferma che l'angoscia peggiora solo la situazione e che la sola cosa da fare è medicare la ferita. Consiglia loro di impegnarsi al massimo e poi abbandonarsi alla volontà di Dio, lasciando che sia Lui a portare il carico dei loro pesi.

E veramente molte di queste persone trovano che, in un modo o nell'altro, i problemi si risolvono. Donne che non riuscivano a concepire un figlio, all'improvviso scoprono di essere in attesa di un bimbo. Gente coinvolta in battaglie legali prega Amma e vede la bilancia della giustizia oscillare a proprio favore. Problemi economici vengono alleviati. In certi casi, anche disturbi fisici diminuiscono o scompaiono completamente. Quando le vengono riconosciuti questi meriti, Amma non ne accetta la responsabilità, ma la attribuisce a Dio e al potere della fede degli individui.

E ci sono anche quelli che Krishna chiama *arthārthi*. Queste persone vengono da Amma non per cercare la salvezza da un pericolo, ma perché lei li aiuti a soddisfare i loro desideri materiali. "Amma, aiutami a entrare all'università!". "Amma, per favore, aiutami ad avere successo negli affari!". "Amma, ti prego, aiutami a ottenere il visto!". "Per piacere, aiutami a pubblicare il mio libro!". Gli arthārthi vedono Amma come un canale della grazia e condividono sempre con lei i loro desideri. Qui, poi, vediamo spesso queste persone tornare la settimana successiva, il mese o l'anno dopo con un meraviglioso sorriso, ringraziando Amma per aver esaudito le loro preghiere.

Com'è possibile tutto ciò? Se leggiamo i Veda, notiamo che raccomandano enfaticamente di avvicinare un mahātma per soddisfare i propri desideri.

yaṁ yaṁ lokaṁ manasā saṁvibhāti
viśuddha-sattvaḥ kāmayate yāṁśca kāmān |
taṁ taṁ lokaṁ jayate tāṁśca kāmāṁ-
stasmād-ātma-jñāṁ hyarcayedbhūti-kāmaḥ ||

"L'uomo dalla mente pura ottiene quei mondi cui aspira mentalmente e tutte le cose piacevoli che desidera. Perciò chi vuole la prosperità deve adorare il Conoscitore del Sé".

Mundaka Upanishad, 3.1.10

Il concetto alla base di questi versi è che un mahātma può ottenere tutto quello che 'desidera' col potere del suo *sankalpa* (risoluzione della volontà). Tuttavia, quando le scritture si riferiscono alla 'purezza della mente', intendono una mente ripulita da tutti i desideri; ne consegue, quindi, che, non avendo desideri personali, un mahātma prende in considerazione felicemente i desideri di coloro che gliene fanno richiesta e li benedice.

Questo non significa che tutti vedano esaudite le loro aspirazioni. In qualche misura, in questo processo gioca un ruolo importante il *prārabdha karma* (il destino basato sulle azioni passate). Amma, però, è una madre, e quale madre non vuole la felicità dei figli? Se le chiedete di soddisfare un vostro desiderio, e se questo non ferisce nessuno ed è in linea col *dharma* (rettitudine), lei farà senz'altro il possibile per aiutarvi – attraverso le sue opere umanitarie o con un consiglio o col potere della sua risoluzione.

Qualcuno magari pensa che non sia corretto venire da Amma per cose tanto mondane, ma nella Gita, Krishna definisce 'nobili' sia gli ārta sia gli arthārthi e afferma che il semplice fatto che essi si rivolgano a Dio per ottenere aiuto e soddisfazione materiale, dimostra che hanno compiuto molte buone azioni in questa o nelle vite precedenti. Tuttavia, questo tipo di devozione ha i suoi limiti, e le scritture dicono che nonostante sia positivo iniziare la propria vita con una simile mentalità, non dobbiamo consentire che tutto finisca qui. Questa devozione non è molto stabile. Quando le preghiere di tali individui non ricevono risposta, raramente tornano. E anche quando ottengono quello per cui sono venuti, spesso tornano alla loro consueta vita, dimenticando Amma (cioè fino a quando non si presenta un altro problema). Dovremmo cercare di progredire – di chiedere ad Amma i tesori più preziosi che può offrire.

Questo ci porta a un altro gruppo di persone che vengono da Amma, gli *jijñāsu,* i ricercatori della conoscenza. Lo jijñāsu è un devoto di calibro diverso. Egli capisce che anche se i suoi problemi trovano soluzione, nuovi problemi sorgeranno. Inoltre comprende i limiti delle conquiste mondane. Egli vede Amma come un *satguru* – un maestro illuminato che può essere un mezzo per ottenere una pace e una beatitudine durature, non temporanee.

Infatti, le scritture ci dicono che la devozione di ognuno inizia come quella di un ārta, poi evolve in quella di un arthārthi, e solo in seguito approda a quella di uno jijñāsu[1]. Questi passaggi rappresentano una evoluzione della comprensione e dell'obiettivo di un devoto. Alcuni sono progrediti attraverso questa evoluzione nelle vite passate e iniziano la loro relazione con Amma come ricercatori della Verità. Altri completano l'evoluzione in questa esistenza. Altri ancora richiedono future nascite.

Se approfondiamo, vediamo che alcune persone vengono da Amma alla ricerca di un obiettivo materiale, ma, dopo il loro primo *darshan,* volgono il loro interesse verso il supremo. Questo è dovuto al *samskāra* – una inclinazione latente proveniente da vite spirituali precedenti. Questo samskāra è rimasto ad aspettare, appena sotto la superficie della mente cosciente, che il tocco, le

---

[1] Si dice che sia meglio essere un *arthārthi* che un ārta perché l'arthārthi cerca Dio quando desidera qualcosa, cioè molto spesso, e l'ārta pensa a Dio solo in caso di emergenza.

parole o lo sguardo di un mahātma lo risvegliassero. La cosa suona piuttosto mistica, ma possiamo trovare lo stesso fenomeno in molti settori della vita, non solo nella spiritualità. Molti grandi scrittori, musicisti, atleti e scienziati non mostrano alcuna predilezione per i loro rispettivi ambiti finché quella passione non si accende improvvisamente, grazie a un certo romanzo, un concerto, un allenatore, ecc. Da quel momento, nessuno può più fermarli.

Quando venni da Amma la prima volta, non ero interessato alla spiritualità. Ero stato allevato in una comunità brahmina ortodossa, dunque ero 'religioso'. Eseguivo il *sandhyā-vandanam*[2] e altre osservanze ortodosse indù, ma consideravo quelle pratiche solo un mezzo per realizzare i miei desideri materiali. Avevo sperato di diventare un medico, ma di stretta misura non fui ammesso alla facoltà di medicina. Avendo abbandonato quel sogno, accettai l'impiego in una banca. Fui assunto nella succursale di una cittadina chiamata Harippād ed ero molto irritato perché non solo non mi trovavo alla facoltà di medicina, ma dovevo anche lavorare in una piccola località dove, a quel tempo, non c'erano neppure ristoranti decenti!

Volevo sopra ogni altra cosa essere trasferito in un'altra sede – ovunque purché una città. Quando sentii parlare di Amma (il cui *ashram* si trovava a circa 25 chilometri a sud di Harippād), pensai che potesse fare qualcuna delle sue magie e rendere possibile il mio trasferimento. Così, un bel giorno, salii su un autobus per Parayakadavu e andai a ricevere il darshan di Amma.

Quando arrivai, Amma era in Krishna Bhava[3]. Il tempio di famiglia dove Amma dava il darshan era proprio accanto alla stalla. Vedendola vestita come il Signore Krishna, non capii bene quello che stava accadendo, ma provai molta pace. Quando mi

---

[2] Una serie rituale di preghiere e prosternazioni eseguite all'alba e al tramonto.

[3] Una forma speciale di *darshan* nel quale Amma assumeva l'abbigliamento e la personalità di Sri Krishna.

avvicinai ad Amma per il darshan, prima ancora che potessi dire qualcosa, lei disse: "Oh, hai problemi di lavoro!", poi mi tese una grossa manciata di piccoli fiori rossi invitandomi a posarne 48 sul capo della Devi, quando più tardi, quella stessa notte, Amma si sarebbe presentata in Devi Bhava[4]. (Con mia sorpresa, quando contai i fiori che mi aveva dato scoprii che erano *esattamente* 48!).

A quel tempo, quando Amma si presentava in Devi Bhava, per prima cosa danzava davanti al tempio. Così, mentre stava danzando, io offrii i fiori come mi aveva detto. Al termine della danza mi misi in fila per il darshan. Quella volta, quando Amma mi abbracciò, cominciai a piangere. Ero molto toccato dall'amore, dalla compassione e dalla gentilezza di Amma. Ella mi disse di sedere vicino alla sua seggiola e quando lo feci, spontaneamente mi iniziò a un *mantra* e poi mi chiese di meditare un poco. Io le dissi che non avevo mai praticato la meditazione prima, ma lei rispose che bastava che chiudessi gli occhi. Decisi di provare.

Riaprii gli occhi dopo quelli che ritenni essere dieci minuti, pensando che altri volessero stare vicino ad Amma, ma nessuna delle persone che erano sedute intorno a me prima era più là. Guardai il mio orologio e vidi che erano passate due ore! Pensai che l'orologio non funzionasse e chiesi l'ora a un uomo seduto al mio fianco, il quale confermò che avevo meditato per due ore. Confuso, mi alzai, offrii il mio *pranām* (inchino) ad Amma e ritornai ad Harippād.

Il giorno dopo non riuscii proprio ad andare al lavoro. Mi sentivo inebriato, vagavo in una nuvola di pace e felicità. Temevo che se fossi andato al lavoro – il mio compito principale era contare denaro – sarebbe stato un disastro. Perciò mi diedi malato e non uscii neppure di casa. I soli pensieri che avevo in mente riguardavano Amma e la pace tranquillizzante del suo darshan. Il giorno seguente mi diedi nuovamente malato. Fu solo il terzo

---

[4] Il darshan di Amma con le vesti e i modi della Madre Divina dell'universo.

giorno che decisi di tornare da Amma e quindi presi un congedo per malattia per il resto della settimana e passai più tempo possibile con lei. Tutti i miei interessi subirono un cambiamento. Amma aveva innescato l'inizio di un'inclinazione spirituale in me. Questo non valse solo per me. Molti dei discepoli di Amma che ora sono *swami* (monaci) anziani, inizialmente vennero da lei con qualche desiderio materiale, ma presto si ritrovarono a cercare il Supremo. Questo cambiamento talvolta accade rapidamente, talvolta richiede tempo. Per alcuni, il samskāra può non essere così profondo, tuttavia essi si attaccano molto ad Amma – al calore del suo affetto e della sua attenzione, alla sua gentilezza e al darshan, ecc. Queste persone tornano da Amma ogni volta che possono e lentamente la loro relazione con lei si approfondisce. All'inizio cercano di mettere in pratica gli insegnamenti di Amma, o vengono iniziati a un mantra, o dietro incoraggiamento di Amma cominciano a partecipare a qualche progetto di servizio disinteressato dell'Ashram. Mentre la loro mente diviene sempre più pura e la comprensione spirituale si approfondisce, il loro interesse si sposta e gradualmente si scoprono più interessati agli obiettivi spirituali che a quelli mondani.

A volte, questo cambiamento di prospettiva arriva dopo aver ricevuto una benedizione materiale. Un devoto americano aveva scritto un romanzo e ardeva dal desiderio di pubblicarlo. Portò il manoscritto ad Amma, lei gli sorrise e toccò rispettosamente il libro con la fronte. Alcune settimane dopo, l'uomo ottenne un contratto con una delle maggiori case editrici. Il devoto era in estasi. Prima che se ne rendesse conto, il libro era sugli scaffali delle librerie di tutto il paese. Eppure non ci mise molto a realizzare che, nonostante fosse diventato un autore conosciuto, si sentiva ancora incompleto. Riflettendoci sopra, comprese che nonostante Amma avesse soddisfatto il suo desiderio, quel sentimento di incompletezza persisteva, e comprese che soltanto realizzando il Sé avrebbe provato la pace e l'appagamento cui aspirava.

Amma è la più grande ispirazione a seguire il sentiero spirituale. Vediamo la pace, la gioia e la pienezza che irradiano chiaramente da lei e restiamo disorientati. Abbiamo davanti qualcuno
che lavora 24 ore al giorno, non riceve alcun salario, non possiede
niente e veste solo abiti semplici; eppure è infinitamente più felice
di ogni altra persona creativamente produttiva, finanziariamente
ricca e fisicamente sana. Osservandola, capiamo subito che deve
conoscere un segreto sulla felicità che noi dobbiamo ancora
apprendere. Confrontandoci con questo, ci troviamo presto più
interessati a cercare di scoprire questo segreto che a ottenere dei
guadagni materiali limitati.

La Brhadāranyaka Upanishad ci presenta una scena in cui
la moglie di un *rishi (*saggio), dopo aver compreso che il marito
possiede una tale conoscenza, rifiuta di accontentarsi di qualcosa
che abbia meno valore del diventare sua discepola. Il nome del
rishi è Yājñavalkya, e quello della moglie Maitreyi. Yājñavalkya
ha anche una seconda moglie, Kātyāyani. Delle due, la prima ha
una grande inclinazione spirituale mentre l'altra è materialista.
Un giorno, Yājñavalkya informa Maitreyi che pronuncerà i voti
di *sannyāsa* (rinuncia) e che quindi metterà fine alla relazione
con lei e Kātyāyani. Quando comincia a spiegare come dividerà
le sue proprietà tra le due donne, Maitreyi all'improvviso inter-
viene dicendo: "Signore, se io avessi tutto il denaro del mondo,
questo mi renderebbe immortale[5]?". Yājñavalkya risponde di
no e allora Maitreyi audacemente replica che, se il denaro non
può darle l'immortalità, allora per lei non ha alcuna importanza.
Sapendo che il marito è una fonte di saggezza spirituale, Maitreyi
aggiunge: "Sono interessata solo alla vostra conoscenza. Insegna-
temela". Maitreyi possiede l'autentica *jijñāsa* (sete di conoscenza),
comprende il vero valore di un satguru e non vuole sprecare la
preziosa opportunità che ha davanti.

---

[5] La parola 'immortale' indica la felicità eterna.

Alcune persone che vengono da Amma avevano sete della conoscenza del Sé ancora prima di incontrarla. Comprendere un satguru è essenziale per tutti i ricercatori seri che vanno da Amma con l'intenzione di chiedere la sua guida. Queste persone trovano in lei una vera cura spirituale per tutto. Grazie a lei, essi trovano ampie possibilità di impegnarsi nel servizio disinteressato, di ricevere le tecniche di meditazione, di essere iniziati a un mantra e di forgiare un legame profondo con un maestro spirituale vivente che non allontana nessuno, indipendentemente dalle qualifiche spirituali che possiede.

Inoltre, attraverso i suoi discorsi e i libri, Amma aiuta ad aprire il sentiero che conduce alla meta suprema della vita – rimuovere le molte confusioni e i malintesi sulla spiritualità, così prevalenti nell'attuale "Era dell'Informazione". Queste persone, dopo il loro primo incontro con Amma, se ne vanno con la sensazione di aver vinto alla lotteria spirituale.

Molti di questi ricercatori sono relativamente nuovi alla vita spirituale, ma altri stanno percorrendo il sentiero da decenni – *sannyāsi,* monaci buddhisti e cristiani, ecc. Essi vengono da Amma con la speranza di ricevere le sue benedizioni e ottenere una visione interiore più profonda. E alla presenza di Amma – grazie alla potente e pura vibrazione da lei creata – fanno realmente l'esperienza di livelli di chiarezza più profondi di quelli che già possedevano. Inoltre, trascorrendo del tempo con Amma, ricevono immensa ispirazione poiché finalmente si trovano faccia a faccia con qualcuno che ha visibilmente raggiunto la meta alla quale hanno dedicato la loro vita. Questo li aiuta ad andare avanti sul sentiero con più entusiasmo e vigore.

Molti anni fa, un sannyāsi anziano appartenente a una organizzazione spirituale molto conosciuta venne all'ashram. Ricordo che lo guardai prima che entrasse nella stanza di Amma. Giusto o sbagliato, pensai che in lui ci fosse qualcosa di borioso, ma quando se ne andò, qualche ora dopo, vidi tracce di lacrime nei suoi occhi. Gli chiesi com'era stato il suo incontro con Amma e lui rispose: "Oggi sento che la mia vita di ricerca spirituale ha finalmente preso il volo".

C'è un'altra categoria di persone che viene da Amma, in realtà – i cinici. Queste persone pensano: "C'è qualcosa di sospetto qui! Non è possibile che questa signora sia così altruista e compassionevole! Vado là e smaschero tutta la questione!". Ci sono sempre persone simili da Amma. Se i loro cuori sono chiusi, stanno nei paraggi roteando un po' gli occhi e poi se ne vanno. Ma se c'è anche solo un piccolo spazio aperto in loro, Amma lo troverà e vi pianterà un seme che presto germoglierà. È andata così con uno dei *brahmachāri* anziani di Amma. Egli studiava in una prestigiosa scuola di cinema di Pune. Durante i suoi studi universitari si era avvicinato a un gruppo comunista e come tale ce l'aveva a morte con la religione, la spiritualità e in particolare con i 'santi viventi'. Quando la sua famiglia lo incoraggiò a visitare l'ashram di Amma, accettò subito, pensando di usare quella occasione per capire come realizzare un film sui 'falsi santi'. Ma mentre guardava Amma con l'occhio del regista, l'occhio di Amma lo trovò. L'uomo non poté fare a meno di notare come Amma sacrificasse il suo riposo e le sue comodità per portare luce e amore nella vita degli altri e presto si ritrovò suo discepolo.

Sebbene in apparenza questi gruppi di persone sembrino venire per ragioni differenti, Amma dice che tutti – non solo quelli che vengono da lei, ma tutti nel mondo – stanno cercando la stessa cosa: l'esperienza della pienezza del Sé. Amma dice che è questa aspirazione a farci avanzare nella vita. È il motivo che sta dietro le nostre amicizie, i nostri matrimoni, i nostri divorzi, il nostro avere dei figli, l'inseguire e cambiare carriera, l'acquistare case, auto, l'andare al cinema… Tutti lottano per la stessa cosa, ma la pienezza che cerchiamo, sia che siamo aspiranti spirituali o materialisti, non è una cosa finita. È infinita, vasta quanto l'intero universo. E nessuno può raggiungere l'infinito sommando un elenco di cose finite. Perfino 20 trilioni moltiplicati per 20 trilioni danno un numero finito. Finché cercheremo questa gioia nelle cose materiali del mondo, non otterremo mai la pienezza che stiamo cercando.

Se state leggendo questo libro è perché probabilmente avete un certo livello di *jijñāsa* (sete di conoscenza spirituale), altrimenti leggereste qualcos'altro. Ma ognuno deve riflettere su quanta parte di noi è jijñāsa (cercatore della Verità). Se facciamo una introspezione, vedremo che tutti oscilliamo tra i tre tipi di devozione presentati in questo capitolo. Ci sono tempi in cui siamo dei sinceri ricercatori e altri in cui il nostro interesse diventa più materialistico. Più ci sintonizziamo con Amma, più scopriamo che la ricerca della conoscenza spirituale diventa il nostro proposito principale. Amma accetta in modo incondizionato il nostro livello di devozione, qualunque esso sia. Questo è parte della sua grandezza. Sapendo che nella maggior parte di noi jijñàsa non è pienamente risvegliato, Amma ci incoraggia a condividere con lei le nostre paure e i nostri desideri, a venire da lei con la nostra devozione ārta e arthārthi. In questo modo, ella può penetrare ogni aspetto della nostra vita e perciò aiutarci al meglio nella nostra evoluzione spirituale. Con il nostro sforzo e la grazia di Amma, la nostra devozione può perfino trascendere jijñāsa per arrivare alla vetta della devozione, *jñāna,* la conoscenza che ci consente di capire che tutto, dentro e fuori, è divino.

Capitolo Due

Il legame che distrugge ogni altro legame

"La relazione tra satguru e discepolo è incomparabile
– non c'è nulla di eguale. Essa ha un effetto
permanente sul discepolo. In questa relazione, il
discepolo non va mai incontro ad alcun danno".

—Amma

La relazione che si sviluppa con un *satguru*, un maestro spirituale illuminato, è diversa da ogni altra perché è il solo tipo di relazione nella quale una persona dà tutto e l'altra riceve solamente. Quella che più le si avvicina è forse la relazione madre-figlio.

Ecco un episodio accaduto recentemente ad Amritapuri che dimostra questo principio. Amma stava dando il darshan a una grande folla. In verità, per tutta la settimana il darshan si era protratto fino alle prime ore del mattino, solo per ripetersi in modo uguale poche ore dopo. Vedendo questo, un devoto indiano residente negli Stati Uniti si avvicinò ad Amma e disse: "Amma, non puoi concederti una vacanza? Potresti andare alle Hawaii e rilassarti sulla spiaggia. Alle spese provvederemmo noi devoti, e tu potresti riposare una settimana o più".

Amma rise alla proposta dell'uomo, e gli rivolse un sorriso compassionevole. Poi disse: "Non hai un figlio? Se fosse ammalato o triste e avesse bisogno di te, saresti capace di lasciarlo e andartene al mare? Naturalmente no. Staresti con lui, lo consoleresti e lo aiuteresti a sentirsi meglio. Amma sta facendo questo. Tutti sono miei figli e non posso lasciarli per godermi una vacanza".

Un satguru come Amma è veramente una *amma* – una 'madre' – in termini di amore e compassione e desidera far crescere i suoi discepoli. Ma c'è una differenza: una madre biologica trae grandissima gioia da suo figlio e dall'esperienza della maternità, mentre un satguru è perfetto e completo con o senza discepoli. Inoltre, si può aver completa fede e fiducia nel satguru, perché non solo lui o lei ama incondizionatamente il discepolo, ma anche perché la sua conoscenza del passato, presente e futuro del discepolo è così chiara da guidarlo con un intuito altrimenti impossibile. La nostra madre biologica può amarci, ma la sua visione è limitata e i suoi consigli sono spesso influenzati da un eccessivo attaccamento.

Possiamo vedere limiti simili anche nelle relazioni con terapeuti o psicologi. In America c'è un giovane devoto, grande patito della musica rock heavy-metal, che alcuni anni fa, durante uno dei tour estivi di Amma, mi parlò di un documentario che aveva visto poco tempo prima centrato su una delle sue band preferite. Sembra che a un certo punto la relazione tra i membri della band fosse talmente degenerata da farli decidere di rivolgersi a un terapista. La band soffriva anche di stati d'animo negativi causati da inerzia creativa. Il film documentava le sessioni di terapia intraprese dalla band per superare questi problemi. Egli mi spiegò che mentre guardava il film, ci fu un particolare momento nel quale capì la sconvolgente differenza tra la terapia psicologica e il tipo di aiuto che dà Amma. Si trattava di una scena quasi alla fine della pellicola, in cui la band informava il terapista di non aver più bisogno del suo aiuto. La reazione del professionista, pagato 40.000 dollari al mese, dice tutto. Il medico era diventato completamente dipendente dalla band – dipendente dall'assegno mensile, dal nome e dalla fama che gli proveniva da quel lavoro, dipendente da tutta la situazione. Il gruppo non aveva più bisogno del terapista, ma lui ora aveva bisogno di loro!

Il legame che creiamo con Amma non è così. È unico, perché è un legame che ci libera da tutti gli altri legami. È una dipendenza che ci porta a una totale indipendenza. Posso inequivocabilmente affermare che, più di ogni altra cosa, è stato il mio legame con Amma a tenermi focalizzato sulla vita spirituale. Per un ricercatore, la relazione guru-discepolo è la vera sorgente di sostegno e di forza.

Subito dopo averla incontrata, Amma diventò il mio solo interesse. Volevo lasciare immediatamente l'impiego in banca, ma Amma mi disse di continuare ancora per qualche anno. Mi consigliò di vedere tutte le persone che venivano in banca come inviatemi da lei. In tal modo, il mio lavoro sarebbe diventato una pratica spirituale. Oltre a questo, Amma non mi assegnò nessun'altra pratica spirituale. Tornavo all'ashram la sera e vi passavo tutti i fine settimana. A quel tempo, la situazione intorno ad Amma era molto libera, non c'erano orari fissi per incontrarla, a parte i giorni di *bhava darshan* che avevano luogo la domenica, il martedì e il giovedì. La gente veniva quando voleva e io e gli altri giovani (che divenimmo poi i primi discepoli monastici) semplicemente 'frequentavamo' Amma e più che alla 'spiritualità' eravamo interessati a lei, al suo amore materno e al suo affetto. E neppure Amma sembrava intenzionata a spingerci verso le pratiche spirituali. Amma aveva iniziato tutti noi al *mantra* e ci aveva insegnato a meditare, perciò, ogni giorno, dedicavamo un po' di tempo a quelle pratiche, ma nulla era regolato da una disciplina. Oltre a ciò, facevamo quello che faceva Amma. Se sedeva in meditazione provavamo a meditare insieme a lei, quando cantava i *bhajan*, almeno una volta al giorno al tramonto, ci univamo a lei. Era tutto.

Amma amava fare i giochi tradizionali come *kabadi* e *kottu kallu kali* con i bambini del villaggio, e noi ci sedevamo a guardare, ridendo e godendoci la bellezza e la purezza del suo gioco con i piccoli. Occasionalmente, potevamo rivolgerle delle domande spirituali ma, a essere onesto, la maggior parte di noi non era interessata a questo. Amma ci raccontava le varie cose che aveva fatto il giorno prima, ciò che era accaduto nel villaggio e, a volte, ci parlava delle sue visite nelle case dei devoti. Non era una relazione guru-discepolo, ma piuttosto un'amicizia, un rapporto tra una madre e i suoi figli. Parlavamo molto liberamente con Amma, ci litigavamo perfino. Non avevamo alcuna idea su come comportarci correttamente con un maestro spirituale. Se Amma aveva dei lavori domestici da sbrigare, l'assistevamo. Se cucinava, l'aiutavamo, e quando i devoti venivano per parlare con lei, ci sedevamo e ascoltavamo.

A quel tempo, non capivamo quello che stava succedendo. Facevamo solo come ci piaceva ma, come sempre, Amma operava al più alto livello di comprensione e consapevolezza. Amma *ama*, ma il suo amore è molto intelligente. Se ci avesse disciplinato fin dall'inizio, molti di noi sarebbero scappati a gambe levate! Amma ci stava segretamente legando a lei con il sottile e indistruttibile filo del suo amore.

Quando raccontiamo storie come questa sui tempi passati, molti devoti vanno in estasi al pensiero di una tale vita con Amma. È vero: era un tempo prezioso e magico. Mentirei se dicessi altrimenti. Comunque, non c'è ragione di essere tristi, pensando che ciò che era possibile allora non lo è più adesso. È vero, il numero di persone che vengono da Amma è molto più grande ora, ma se osservate i suoi programmi, Amma compie le stesse identiche cose che faceva con noi a quel tempo. Proprio come noi sedevamo e la guardavamo giocare con i bambini, così oggi i devoti guardano Amma abbracciare i piccoli che le vengono portati al darshan – mangiucchia le loro guance e mordicchia i loro ditini. Così come noi parlavamo con lei di varie cose mondane, allo stesso modo ancora adesso Amma intraprende con le persone che vengono al darshan, e con quelle sedute intorno a lei, conversazioni leggere, raccontando dei luoghi in cui ha dato il darshan e ciò che è successo. E durante i programmi, cosa fanno tutti? Quando Amma medita, meditano; quando Amma canta i bhajan, cantano i bhajan e quando occasionalmente si impegna in qualche lavoro di pulizia – all'*ashram,* alla fine del Devi Bhava – tutti collaborano, come facevamo noi molto tempo fa. Quindi, eccetto per il numero delle persone che vengono da lei, nulla è veramente cambiato. Inoltre, anche se abbiamo minori interazioni personali con Amma, in qualche modo il suo *sankalpa* (risoluzione) pareggia i conti. Se siamo aperti, il nostro legame con lei diventerà stabile come se Amma trascorresse più tempo con ciascuno di noi.

Naturalmente il darshan di Amma è centrale per approfondire il nostro legame con lei. Tra le sue braccia, ci sentiamo completamente liberati da ogni peso. Nella pace di quell'abbraccio, percepiamo un innegabile senso di unità con Amma. Infatti, il suo darshan ha un incredibile impatto sulle persone, perché dona davvero un assaggio di Dio – un assaggio del loro vero Sé. Per molti, questa è un'esperienza che apre loro gli occhi e rimette in discussione le loro priorità nella vita. È come se il perno che costituiva l'asse del loro mondo fosse rimosso e risistemato.

Apparentemente, è strano lasciare che un perfetto sconosciuto ci abbracci, ma nessuno è riluttante, intimidito o imbarazzato al suo primo approccio col darshan di Amma. È come se stesse abbracciando la propria madre o addirittura il suo vero Sé. Ognuno se ne va con la sensazione di conoscere Amma da sempre. Questo perché il primo darshan è l'inizio di una relazione che non ha inizio.

Un minuto passato a osservare Amma non è mai sprecato. Possiamo apprendere molti principi spirituali guardando e contemplando le sue azioni, perché impariamo di più attraverso l'esempio di una persona che attraverso le sue parole. Se un padre chiede al figlio di non fumare ma lui stesso fuma, non avrà molta autorità, le sue azioni parlano più forte delle parole. E così, quando trascorriamo del tempo osservando Amma che interagisce con le persone, scopriamo che stiamo assorbendo in modo naturale qualche sua qualità, esteriore o interiore. Come Amma ci dice: "Se visitate una fabbrica di profumi, il profumo vi resterà appiccicato addosso".

In effetti, questo è uno dei principi alla base della meditazione focalizzata su una specifica forma di Dio. Quando ci si concentra su una forma di Dio, si comincia ad acquisire le qualità di quella forma. Meditiamo sulla Madre Divina e la nostra mente si riempie di pensieri di amore e di compassione. Se meditiamo su Hanuman e pensiamo alla sua forza e al suo valore, otterremo forza mentale e coraggio. La meditazione sulla forma del Signore Shiva, simbolo del distacco e dell'austerità, ci aiuterà a ottenere distacco e ad avere più fermezza nelle nostre pratiche spirituali. Questo non è un processo mistico, la stessa cosa accade continuamente anche nella vita normale. Prendete l'esempio di qualcuno che abbia l'ossessione per una star del cinema o per un musicista. Non comincia forse a camminare, a vestirsi e a parlare come il suo idolo? Nel 2001, ricordo di aver visto all'improvviso dozzine di ragazzi che portavano tutti le basette e il pizzetto. Sembravano sbucati dal nulla. Alcuni di loro erano in realtà ancora troppo giovani per avere una barba adeguata, ma nonostante ciò facevano del loro meglio. Quando mi informai su quella nuova moda, qualcuno mi parlò di un recente film di successo di Bollywood intitolato *Dil Chahta Hai*, il cui protagonista portava questo tipo di acconciatura e di barba. Se guardare un film solamente una o due volte può creare un così forte senso di identificazione, riuscite a immaginare la trasformazione possibile attraverso un'intensa pratica di meditazione portata avanti quotidianamente? Guardare Amma mentre dà il darshan, mentre canta i bhajan, mentre tiene i suoi discorsi, è realmente una forma di meditazione – una meditazione a occhi aperti. E, come con la meditazione a occhi chiusi si assorbono le caratteristiche e le qualità della propria divinità amata, allo stesso modo si cominciano ad acquisire le qualità di Amma concentrandosi su di lei e stando con lei. Vedendo la sua compassione, desideriamo diventare più compassionevoli; davanti alla sua pazienza e semplicità, ci sforziamo anche noi di divenire più pazienti e semplici.

Amma dice: "Arriviamo a capire che cosa siano verità, *dharma*, altruismo e amore perché il guru vive quelle qualità. Il guru è la vita di quelle qualità. Obbedendo al satguru e imitandolo, coltiviamo quelle qualità in noi stessi".

Lasciate che vi faccia un esempio di come avviene questo assorbimento. Ad Amritapuri (se non è ancora in corso il darshan), Amma viene nella sala dei bhajan ogni sera, appena prima delle 19.00, per guidare i canti devozionali. Quando arriva, in fila dietro il suo *pitham* (il seggio del guru), generalmente c'è una dozzina di bambini che si spintonano per avere il posto più vicino a lei. Per gli *ashramiti* e i devoti è una cosa molto simpatica da vedere. Nell'agosto del 2008, un bambino indiano di tre anni che vive in America ed era in visita all'ashram, si trovava là con altri bambini e cercava di trovare un buon posto. E allora, proprio prima che Amma arrivasse sul palco, con naturalezza, salì sul pitham di Amma. Ovviamente, tutti gli occhi erano su di lui. Il piccolo offrì il suo *pranam* unendo le mani sul suo capo nel gesto dell'añjali mudra, esattamente come Amma, e quindi si sedette a gambe incrociate, proprio come lei. Poi afferrò una delle bacchette da tamburo di Amma e cominciò a colpire a ritmo l'asta del microfono, ripetendo quello che Amma fa talvolta durante i bhajan. Quando lei lo vide, cominciò a ridere. Qualcuno andò a toglierlo di là, ma dopo che Amma si fu seduta, lo richiamò a sedersi accanto a lei e gli diede il microfono. Immediatamente, il piccolo provò a dire *prema-svarūpikalum ātma-svarūpikalumāya ellāvarkkum namaskaram* – "Mi inchino a ognuno di voi, la cui natura è l'amore divino e il Sé"– parole che Amma ripete ogni volta che inizia un discorso pubblico. In seguito, egli cominciò a cantare la sua serie di bhajan, iniziando con un canto dedicato al Signore Ganesha, esattamente come Amma. Era davvero bello da vedere. Come la maggior parte dei bambini di tre anni, la sua pronuncia non era del tutto chiara, ma il sentimento era "pura Amma". Mentre il bambino cantava, tutti i devoti e gli ashramiti battevano il tempo. Potreste dire che si tratta solo di un bambino, di una cosa insignificante, ma questo è un esempio perfetto di come assorbiamo le maniere, le azioni e le qualità di Amma fino a farle diventare nostre abitudini, e le abitudini formano il carattere. Se siamo piuttosto maturi, cominceremo ad assorbire le qualità di Amma a livelli più profondi – l'amore, la compassione e l'altruismo, che sono le forze trainanti di ogni sua parola e azione.

Perciò, sebbene questa fase della nostra relazione in cui ci limitiamo a sedere vicino ad Amma e a guardarla possa sembrare in apparenza piuttosto priva di importanza, in realtà è un elemento fondamentale nella costruzione del nostro legame con lei. Solo quando il nostro legame col guru sarà profondo e stabile, avremo la fede e la fiducia necessarie per seguire adeguatamente i suoi consigli, le sue istruzioni e i suoi insegnamenti.

Se leggiamo il poema epico Mahābhārata, vediamo che Arjuna diventa discepolo di Krishna solo verso la metà del libro. Prima di allora, proprio come con Amma, la loro relazione assomiglia piuttosto a una relazione tra amici. Infatti, nel quarto capitolo della Bhagavad Gita, Krishna si rivolge ad Arjuna non solo come a un devoto, ma anche come a un *sakhe,* un amico. La fiducia, l'apertura e la profonda intimità di un'autentica amicizia sono essenziali per lo sviluppo di una fruttuosa relazione guru-discepolo.

Nelle scritture, l'attaccamento è costantemente screditato come serio ostacolo al progresso spirituale. Amma stessa parla spesso dell'importanza di trascendere le nostre preferenze, avversioni e dipendenze. Perciò, quando scopriamo di attaccarci ad Amma, è naturale che ci sentiamo un po' confusi. A questo riguardo, ricordo un fatto accaduto a metà degli anni ottanta. A quel tempo, Amma partecipava quasi sempre alle nostre sessioni di meditazione mattutina e alla fine della meditazione rispondeva a tutte le nostre eventuali domande. Una di quelle mattine, un *brahmachāri,* ora Swami Amritagitananda, aveva proprio questo dubbio. In effetti, non ne fece menzione ad Amma, ma il dubbio l'aveva tormentato per tutta la durata della meditazione. Continuava a pensare: "Sono venuto qui per trascendere tutti i miei attaccamenti e ora sto diventando così attaccato ad Amma! Non si tratta di un'altra forma di dipendenza? Sono forse saltato da una forma di maya (illusione) a un'altra?".

All'improvviso, Amma lo guardò direttamente e disse: "L'attaccamento al proprio guru o all'ashram non è una dipendenza o maya. Ogni altro attaccamento è schiavitù. Si usa una spina per rimuovere altre spine. Allo stesso modo, l'attaccamento al guru porta alla liberazione".

E ancora, alcuni anni fa un nuovo brahmachāri era in piedi vicino ad Amma mentre lei dava il darshan. Di colpo, Amma lo guardò con un sorriso pieno d'amore. Lo chiamò vicino a sé e gli chiese a cosa stesse pensando. Egli disse: "Mi sono attaccato così tanto ad Amma, ma temo che questo finirà solo col causarmi dolore". Amma rispose: "Questo attaccamento è l'attaccamento che distrugge tutti gli altri attaccamenti. Anche se ti porterà dolore, quel dolore ti purificherà. Diventerà un sentiero che porta a Dio".

Amma è la persona più disponibile del mondo. Per vederla, basta venire e mettersi in fila. Non ci sono ostacoli. Lei tende costantemente la sua mano per sollevarci, ma sta a noi afferrare quella mano. Se lo facciamo, lei la terrà stretta finché non sapremo camminare da soli. Bisogna aggiungere che il legame che si sviluppa con Amma non vale solo all'inizio, ma continuerà a maturare e ad approfondirsi per tutta la vita. Mentre cresciamo, esso diventa sempre più centrale, un aspetto essenziale della nostra esistenza. In realtà, il raggiungimento finale è la consapevolezza che guru e discepolo sono sempre stati uno – il legame supremo. All'inizio, però, il legame esterno è fondamentale. È questo legame e i ricordi preziosi che abbiamo collezionato trascorrendo del tempo con Amma che ci guideranno attraverso i momenti difficili della vita, che capitano a tutti. Alla fine, quando saremo pronti, ci sarà un cambiamento nella nostra relazione con Amma. Allora, inizierà la disciplina. Per noi, il primo gruppo di brahmachāri, quel cambiamento ebbe luogo dopo due o tre anni. Un bel giorno, la madre diventa il guru.

Capitolo Tre

L'importanza del Guru

*"La luce della grazia del guru ci aiuta a vedere e
a rimuovere gli ostacoli sul nostro cammino".*

—Amma

Amma dice che il guru appare solo quando c'è un discepolo. Questo significa che finché non siamo pronti, il guru bhāva ('lo stato di guru') di Amma non si manifesta per noi. Viceversa, quando siamo pronti, è là ad aspettarci. Troviamo la stessa cosa nel Mahābhārata. Per tutta la prima parte del famoso poema epico, Krishna non si comporta mai come un guru con Arjuna, perché il discepolo deve ancora venire alla luce. Quando però Arjuna ammette di essere incapace di risolvere i suoi problemi e crolla ai piedi di Krishna implorando indicazioni e guida, Krishna, il guru, compare immediatamente e dice: "Ti addolori per chi non dovresti", ecc. È solo a questo punto che inizia il vero insegnamento della Gita.

Parliamo del 'guru bhāva' di Amma, ma in verità ogni volto di Amma è un bhāva (un aspetto che lei ha deciso di assumere). Al contrario di noi, Amma non si identifica con i vari atteggiamenti che adotta nel mondo. Noi rivendichiamo di essere un 'insegnante' o uno 'studente', un 'uomo d'affari', un 'medico' o un 'artista', e così via, mentre la sola identificazione di Amma è con il vero Sé, la beata coscienza che serve da substrato ai mondi interiori e all'universo fisico. Dunque, in sé, Amma non é guru, né 'madre', né 'benefattrice' né altro". Lei sa di essere, in essenza, solo l'eterna, beata coscienza. Spinta da compassione, Amma assume il bhāva di madre, di filantropa, di amica, di Dio o del guru, ogni volta che è necessario. Il figlio, bisognoso di amore e conforto, invoca la madre. Il povero angosciato invoca la filantropa. Chi cerca un compagno sincero invoca l'amica. Il devoto invoca Dio. Il discepolo invoca il guru (solo quando comprendiamo questo, vediamo il pieno significato delle affermazioni apparentemente frivole e irriverenti di Amma, quali: "Mi chiamano 'Madre' e per questo io li chiamo 'figli'. Amma sa solo questo"). Alla fine, tutte queste divisioni si basano sull'ignoranza. Sulla vetta della saggezza spirituale in cui dimora Amma, c'è soltanto unità: discepolo e guru, devoto e Dio, figlio e madre... tutti sono eternamente uno. Ecco perché Amma dice: "Affinché ci sia il guru, ci deve essere prima il discepolo".

Alcuni anni fa, Amma è stata intervistata da una televisione americana che voleva realizzare un documentario che presentasse il punto di vista di una dozzina di guide spirituali delle maggiori religioni del mondo. Amma era la sola rappresentante dell'Induismo. Al termine della lunga intervista di due ore, i registi chiesero ad Amma di presentarsi davanti alla cinepresa. Volevano che guardasse semplicemente nella camera e dicesse qualcosa come: "Buonasera, il mio nome è Sri Mata Amritanandamayi Devi, sono una guida spirituale induista e una filantropa del Kerala, India". Io e gli altri *swami* ci chiedemmo che cosa avrebbe fatto Amma, perché questo non è il suo modo consueto di esprimersi. In 30 anni, non l'ho mai sentita fare un'affermazione simile. Perciò tutti eravamo curiosi di vedere quello che sarebbe accaduto. Bene, Amma sorrise ma declinò la proposta. Pensammo fosse finita lì, ma i registi insistettero aggiungendo qualcosa del tipo: "Suvvia Amma, tutti gli altri lo hanno fatto", ma lei non cambiò idea. Se c'è una costante nella personalità di Amma, questa è la naturalezza. Per esempio, non poserà mai per un fotografo e per lei ripetere una frase come quella non aveva nulla di naturale. Ma per compassione non voleva ferire i sentimenti dei registi del documentario. Pensavamo che l'intera faccenda fosse finita, poi, improvvisamente Amma disse: "Questa forma visibile è chiamata 'Amma' o 'Mata Amritanandamayi Devi' dalla gente, ma il Sé che dimora all'interno non ha nome né indirizzo. È onnipervasivo". Da questa dichiarazione, vediamo che il guru bhāva è qualcosa che Amma assume solo quando il discepolo lo invoca. È la risposta a un bisogno. Quando il bisogno matura, questo appare. La vera natura di Amma però non ha nome né indirizzo. È oltre ogni cosa.

Ci sono due aspetti principali del guru bhāva di Amma: la conoscenza e la disciplina. Alcune persone pensano che un guru non sia necessario per ricevere la conoscenza, e sono convinte sia sufficiente seguire le scritture. Le stesse scritture, però, affermano ripetutamente che un guru è fondamentale se si vuole raggiungere la meta finale. Ādi Shankaracharya 1, nel suo commentario sulla Mundaka Upanishad, scrive che, senza un guru, avere studiato il sanscrito, la logica e altri sāstra (scienze) simili, non è sufficiente per raggiungere la conoscenza del Sé.

Perché il guru è così essenziale? Amma dice: "Le persone che intraprendono un viaggio con l'aiuto di una mappa possono comunque perdere la strada e vagare a vuoto. La mappa, poi, non dà informazioni circa la presenza di eventuali banditi o animali selvatici. Solo con una guida esperta possiamo viaggiare senza tensione. Se con noi c'è qualcuno che ha dimestichezza con la strada, il viaggio andrà bene e sarà facile".

Un insegnante è necessario in tutti i campi della vita, nella scienza come nell'arte o negli affari. Questo vale anche per la spiritualità. In verità, la spiritualità è l'area più sottile della conoscenza perché ciò che veramente si studia è il proprio Sé. In biologia, lo scienziato usa un microscopio per studiare i microbi, in chimica si osservano le sostanze chimiche. Nella spiritualità, il vero soggetto di studio è lo studioso stesso. Dunque, il soggetto è esterno alla sfera dei nostri principali mezzi di conoscenza: i sensi

---

[1] I commentari e i testi di Ādi Shankaracharya (800 circa dell'era cristiana) hanno consolidato la scuola di pensiero dell'Advaita Vedānta.

e l'intelletto. Essendo il soggetto tanto sottile, un insegnante è necessario più che mai. Come Amma dice spesso: "Un insegnante è indispensabile anche solo per allacciarsi le scarpe!". Un satguru come Amma non solo ci spiega il sentiero spirituale e chiarisce i dubbi che incontriamo lungo il cammino, ma, grazie alla sua profonda comprensione di ciò che noi siamo, ci assiste anche nel trascendere gli ostacoli che dobbiamo affrontare sul sentiero.

Amma, infatti, fornisce costantemente la conoscenza, si tratti di una più profonda visione del *dharma*, del *karma yoga*, della meditazione o della verità suprema. Dalle labbra di Amma scorre un fiume incessante di conoscenza. Lei è sempre pronta a guidare le persone verso un modo di vivere e di pensare più intelligente e armonioso. Ad Amritapuri, Amma partecipa una volta alla settimana a sessioni di domande e risposte con residenti e visitatori, e incontri simili si tengono anche durante i ritiri del tour mondiale. Per invocare questo aspetto del guru bhāva di Amma, ci deve essere l'interesse.[2] Questo mostra che quando Amma afferma: "In Amma, il guru appare solo quando c'è un discepolo", lei sta parlando del guru principalmente come di colui/colei che disciplina.

In teoria, lo scopo ultimo della vita spirituale è molto semplice. È la completa assimilazione dell'esperienza che la nostra vera natura non è il corpo, né le emozioni o l'intelletto, ma l'infinita, eterna, beata coscienza. Quando ci svegliamo al mattino, non abbiamo bisogno di aprire gli occhi e di guardarci in uno specchio per sapere chi siamo. Non ci sono dubbi: "Chi sono io? Sono un uomo? Una donna? Un asino? Un indiano? Un americano? Un giapponese?". Lo *sappiamo*, semplicemente. La conoscenza spirituale deve essere assimilata con lo stesso livello di convinzione. È piuttosto strano, in verità: *con* la mente dobbiamo comprendere che *non* siamo la mente. La mente è la sorgente dell'ignoranza

---

[2] Più sincero è il nostro interesse, più approfondita sarà la risposta di Amma.

e, allo stesso tempo, lo strumento della liberazione. Come scrive
Shankaracharya:

vāyunā'nīyate meghaḥ punastenaiva nīyate |
manasā kalpyate bandho mokṣastenaiva kalpyate ||

"Le nuvole sono portate dal vento e dallo stesso allontana-
te. In modo analogo, la schiavitù dell'uomo è causata dalla
mente, e soltanto dalla mente è prodotta la liberazione".

Vivekacudāmani, 172

In sostanza, afferrare intellettualmente il concetto che la propria
natura è coscienza non è molto difficile, ma per intere vite abbiamo continuato a pensare esattamente nel modo opposto, identificandoci completamente con il corpo, le emozioni e l'intelletto
e associando la nostra felicità esclusivamente alla soddisfazione
dei desideri. Questo modo di pensare è diventato così abituale
che non possiamo ribaltarlo facilmente. Per spiegare questo fenomeno, ad Amma piace fare l'esempio di un uomo che, dopo aver
portato per anni il portafoglio nella tasca dei pantaloni, un bel
giorno decide di cominciare a riporlo nella tasca della giacca. Se
in un momento in cui è rilassato e ha tutto il tempo per riflettere
gli chiedete dove tenga il portafogli, vi dirà: "Oh, adesso lo metto
nella tasca della giacca", ma se deve pagare in fretta il caffè, di
sicuro lo cercherà ancora nella tasca dei pantaloni. Quella che è
tecnicamente la sua conoscenza e il suo comportamento attuale
sono agli antipodi.

C'era una volta un senzatetto che non aveva lavoro né un
posto dove stare. Costui sopravviveva mangiando solo quello
che trovava e spesso non aveva altra scelta che rovistare tra le
immondizie. Poi, un bel giorno fu avvicinato da un filantropo
che stava selezionando dei senzatetto da riabilitare. L'uomo rice-
vette un alloggio, uno stipendio per comprarsi il cibo e anche il
denaro per una istruzione universitaria. L'uomo, felicissimo della

compassione del benefattore, lo ringraziò con tutto il cuore, si iscrisse a una scuola e cambiò completamente la sua vita. Dieci anni dopo, era laureato in Scienze Commerciali e aveva acquistato una società fra le più quotate in borsa. Un giorno, era sprofondato sul sedile posteriore della sua limousine fumando un buon sigaro cubano, mentre guardava la città scorrere attraverso i finestrini scuri, quando improvvisamente cominciò a gridare all'autista: "Stop! Stop! Per l'amor di Dio, ferma la macchina! Sei pazzo?".

L'autista frenò bruscamente: "Come? Che cosa succede signore?".

Il senzatetto-diventato-magnate rispose: "Che cosa c'è? Ma non hai visto? L'uomo all'angolo ha appena gettato via una fetta di pizza ancora buona!".

L'uomo aveva ormai abbastanza denaro da comprare un'intera catena di pizzerie, ma quella consapevolezza non aveva ancora saturato adeguatamente il suo subconscio. Nel vedere la pizza gettata nel bidone della spazzatura, aveva dimenticato la sua attuale condizione, e la vecchia mentalità era riaffiorata.

Quasi tutti possono iscriversi a un corso di "Filosofia delle Religioni Orientali' e ottenere una comprensione elementare della filosofia del Vedānta, ma questo non basterà per raggiungere l'illuminazione. La ragione sta nella loro mente, che non è purificata a sufficienza per assorbire in modo adeguato la conoscenza. Per la maggior parte di noi, la mente manca di discriminazione, sottigliezza, consapevolezza, pazienza e concentrazione. Inoltre, è piena di nozioni egoistiche e continuamente influenzata da attrazioni e repulsioni. Affinché si possa assimilare realmente la conoscenza spirituale, tutte queste impurità devono sparire. Per molti versi, realizzare la purezza mentale è molto più difficile che ottenere la conoscenza. Si dice perfino che una volta raggiunta tale purezza, la liberazione ne sia la naturale conseguenza. Il guru come disciplinatore entra in gioco proprio per aiutare il discepolo a ottenere questa purezza della mente.

"Finché non avrete padroneggiato la vostra mente, sarà necessario che rispettiate certe regole e restrizioni seguendo le istruzioni del guru", dice Amma. "Quando avrete dominato la mente, non ci sarà più nulla da temere".

Le quattro qualificazioni

Le scritture specificano numerosi ambiti nei quali dobbiamo disciplinare e purificare la mente. Solo dopo aver compiuto questo, la conoscenza spirituale può essere assimilata correttamente. Il sanscrito chiama queste aree sādhana catustaya sampatti, le quattro qualificazioni.[3] Queste includono *viveka, vairāgya, mumuksutvam* e *samādi satka sampatti*, discriminazione, distacco, sete per la liberazione e le sei discipline che iniziano con il controllo della mente.

Un satguru come Amma è quindi, in un certo senso, come un allenatore che non solo ci insegna le regole per vivere, ma si assicura anche che siamo pronti per giocare adeguatamente. Come ogni buon allenatore, Amma conosce la forza mentale e le debolezze di tutti i suoi giocatori e sa anche come aiutarli a superarle, con le buone o con le cattive. Attraverso istruzioni personali, creando opportune situazioni, correggendo gli errori e aiutando il discepolo a riconoscere da solo le sue debolezze, Amma ci aiuta a rafforzare e a raffinare la mente finché non sarà in grado di assimilare la verità suprema. In effetti, se la mente del discepolo è diventata completamente pura, si dice che assimilerà la Verità nel momento stesso in cui gli sarà spiegata, la cosiddetta 'realizzazione istantanea'.

---

[3] Sono chiamate 'qualificazioni' perché la conoscenza del Sé mette radici solo in una mente nella quale queste qualità sono perfettamente sviluppate. Se siamo deficitari in una di esse, non significa che siamo inadeguati per la vita spirituale, ma che dobbiamo aumentare il nostro impegno per svilupparla.

Viveka, vairāgya e mumuksutvam

La prima area di affinamento mentale è viveka. Nel suo senso più alto, viveka indica la capacità di discriminare tra ātma e anātma, – il Sé e il non Sé. Sia quando guardiamo all'interno di noi stessi, sia quando guardiamo il mondo esterno, dovremmo essere capaci di separare la realtà dall'irrealtà – il frumento dalla pula, per dirla in parole povere. La necessità di questa costante dicotomia è una delle ragioni per cui si dice che la vita spirituale sia come 'camminare sul filo del rasoio'[4]. Ma possiamo applicare questa discriminazione anche a un livello più relativo. Fondamentalmente, la vita è una serie di decisioni. In ogni momento, in ogni relazione, a ogni respiro, abbiamo la scelta di agire, parlare e pensare in un modo che ci porterà più vicini o più lontani dalla nostra meta. Perciò, viveka è vivere secondo la ferma convinzione che lo scopo della vita umana, la felicità duratura, non potrà mai provenire dalle cose non durevoli, ma soltanto da qualcosa di eterno.

Quando comprendiamo la differenza tra ciò che porta una felicità temporanea e ciò che porta una felicità eterna, cominciamo ad allontanarci dalla prima per andare verso quest'ultima. L'impulso a sottrarsi a una felicità passeggera è chiamato vairāgya, e l'impulso a volgersi verso una felicità duratura è detto mumuksutvam. In questo senso, vairāgya, mumuksutvam e viveka sono direttamente correlate.

Mumuksutvam (la sete per la liberazione) è innato. Tutti desiderano la trascendenza. Nessuno vuole limiti alla propria felicità. Ogni sentimento di frustrazione causato da un nostro limite non è che l'espressione del nostro innato mumuksutvam. La maggior parte delle persone, però, non riesce a capire che i sentimenti di limitazione non possono essere evitati finché fissiamo la nostra attenzione sulle cose limitate, come il piacere dei sensi, le relazioni personali, il successo, ecc. Per di più, i pochi che riescono a scoprire questa realtà, quasi mai capiscono che c'è qualcosa

---

[4] *Katha Upanishad, 1.3.14*

di illimitato, il Sé, per il quale vale la pena di lottare. E così, continuiamo a spremere quanta più felicità possiamo da un qualunque oggetto limitato che sia alla nostra portata. Solo quando, attraverso la grazia, sentiamo il potenziale di trascendenza della realizzazione del Sé, il nostro innato mumuksutvam ha il potere di aiutarci. Inoltre, è solo a questo punto che in noi si rivela la forza del nostro mumuksutvam, o la sua mancanza. E soltanto se ha una certa consistenza, inizieremo a cercare di coltivare viveka (discriminazione) e vairāgya (distacco), altrimenti continueremo a inseguire la felicità nel limitato mondo materiale.

In generale, queste tre qualità si rafforzano con la pratica del *karma yoga*. Il karma yoga non è un'azione particolare, ma un'attitudine che può essere applicata a ogni azione. Nella sua essenza, questo atteggiamento corrisponde a un'attenzione totale nei riguardi dell'azione, e a una totale accettazione nei riguardi dei risultati di quella azione. (Affronteremo il tema del karma yoga nel quinto capitolo). Questa attitudine è più facile da dire che da mettere in pratica, specialmente se la motivazione principale delle nostre azioni concerne risultati materiali, come il denaro, il prestigio, la fama, ecc. Dunque, è più facile implementare l'attitudine del karma yoga quando il nostro impegno nel lavoro non nasce dal nostro desiderio, ma più semplicemente da una indicazione del nostro guru. Questa é una delle ragioni per cui, dopo un po' di tempo, Amma suggerisce di dedicarci a qualche forma di attività. Pulire la cucina, per esempio, occuparsi delle mucche dell'ashram, pulire luoghi pubblici o parchi, collaborare alla newsletter del nostro gruppo di Satsang locale, o lavorare per l'università o l'ospedale di Amma. Talvolta, perfino servire personalmente Amma. Attraverso questo tipo di lavoro, cominceremo ad avere la comprensione dell'attività intesa come karma yoga. Può trattarsi di un impegno di 60 ore settimanali o di un'ora o due soltanto nei fine settimana, ma qualunque esso sia, svilupperemo gradualmente la capacità di applicare l'attitudine del karma yoga a tutti gli aspetti della vita, si tratti di un lavoro per una società multinazionale o delle faccende domestiche.

Guru seva, il servizio disinteressato assegnato dal guru, non è una specie di schiavitù, non è qualcosa che facciamo in cambio degli insegnamenti di Amma o per affetto. Il guru è un tutt'uno con la verità divina che pervade la creazione, perciò Amma non ha bisogno che laviamo le pentole o aiutiamo a tagliare le verdure durante i suoi programmi. Né le serve il nostro aiuto in uno dei progetti umanitari dell'ashram. In verità, Amma non ha bisogno di noi per servire nessuno. Lei è perfetta con o senza questo. Amma ci offre tali opportunità perché sa il bene infinito che tali azioni ci porteranno, se compiute con amore, attenzione e sincerità. Conosce il loro potere di purificare la nostra mente da attrazioni e repulsioni, di coltivare il distacco dai piaceri passeggeri dei sensi e di favorire il nostro interesse per la beatitudine eterna del Sé, tutte cose essenziali per raggiungere la vera libertà.

In verità c'è un altro modo, unico, col quale Amma aiuta tutti noi a coltivare mumuksutvam e vairāgya, e cioè il suo *darshan*. Nella tenerezza dell'abbraccio di Amma, la nostra mente diventa improvvisamente silenziosa, permettendo alla pace e alla beatitudine del nostro Vero Sé di risplendere. Per molti, questa esperienza è un'autentica rivelazione, una liberazione. Come ho detto in precedenza, essa trasforma il nostro modo di pensare e rimescola i nostri obiettivi. Il darshan di Amma ci aiuta a sperimentare una pace profonda non collegata ad alcun oggetto dei sensi – una pace che proviene dall'interno. Per il ricercatore spirituale, il ricordo di quella esperienza diventa come un incentivo che lo spinge sempre più avanti. Come ha detto una volta un sannyāsi in visita all'ashram: "Il darshan è un'esperienza dopo la quale non si desidera provare nient'altro che quella".

Una volta, una devota ha spiegato nel seguente modo l'effetto del darshan di Amma. Quando era giovane, i suoi genitori non volevano che mangiasse il cioccolato e al suo posto le davano della carruba, spacciandola per cioccolato. Per anni lei aveva continuato a mangiare carruba pensando fosse cioccolato. E poi, inevitabilmente, qualcuno le diede del vero cioccolato e da quel momento non riuscì più a essere soddisfatta della carruba. Lo stesso vale per il darshan di Amma. Amma dice che per le persone che hanno il suo darshan è come bere dell'acqua cristallina dopo un'intera vita passata cercando di soddisfare la sete con dell'acqua di fogna. Dunque, in qualche modo, Amma ci aiuta a raffinare la nostra mente e le nostre prospettive fin dall'inizio.

Le rimanenti aree di raffinamento mentale necessario sono chiamate samādi satka sampatti—le sei discipline che iniziano con il controllo mentale[5]. Queste sono *sama, dama, uparama, titiksa, sraddha e samadhana.*

Dama

Cominceremo con dama, lo sviluppo del controllo dei sensi. Ai primi stadi della vita spirituale, la nostra mente è debole e può facilmente essere disturbata dai molti oggetti dei sensi. Stiamo cercando di essere all'altezza della verità che noi siamo la sorgente della felicità, ma non è facile, dopo tante vite passate a cercare la gioia (e a sperimentarla, seppur fugacemente) esclusivamente negli oggetti del mondo. Perciò dama significa letteralmente 'evitare il contatto con gli oggetti sensoriali che disturbano la mente'. Nella Bhagavad Gita c'è l'esempio della tartaruga:

yadā saṁharate cāyaṁ kūrmo'ṅgānīva sarvaśaḥ |
indriyāṇīndriyārthebhyaḥ tasya prajña pratiṣṭhitā ||

"Quando, come una tartaruga che ritira i suoi arti, egli ritira i sensi dagli oggetti dei sensi, la sua saggezza è allora fermamente stabile".

Bhagavad Gita, 2.58

Ogni qualvolta si presenti un pericolo, la tartaruga ritrae la sua testa e le quattro zampe. Protetta dal mondo esterno, è salva fino a quando termina la causa del potenziale pericolo. Allo stesso modo, il ricercatore spirituale deve evitare che i suoi cinque organi di senso, occhi, orecchie, naso, tatto e gusto, entrino in contatto con oggetti sensoriali potenzialmente dannosi.

Per esempio, se siamo a dieta e ci sono due possibili strade per tornare a casa dal lavoro, una delle quali passa davanti a una pizzeria e a una gelateria, prendere l'altra strada è dama. Se noi aspiranti spirituali ci troviamo in un autobus dove i vicini di viaggio iniziano una conversazione mondana, possiamo indossare le nostre cuffie e ascoltare qualche *bhajan* o dei discorsi spirituali. Nei casi peggiori, se c'è qualcosa che sappiamo sia meglio non vedere, possiamo semplicemente chiudere gli occhi. Tutte queste sono forme di controllo dei sensi.

Su questo tema, ho sentito una bella storiella su un uomo che dimostra di possedere dama. Un cliente di una panetteria stava esaminando attentamente tutti i pasticcini dall'aspetto goloso, che erano in mostra nei contenitori di vetro. Quando il commesso si avvicinò e gli chiese: "Che cosa desidera?", lui rispose: "Vorrei quella ciambella ricoperta di cioccolato, quella ripiena di marmellata e questa alla ricotta". Poi con un sospiro aggiunse: "Ma prenderò un dolcetto alla crusca di avena".

Ad Amritapuri, i residenti devono rispettare molte regole, che hanno tutte lo scopo di aiutarli a raggiungere il controllo dei sensi. Ciò che non ha accesso ai sensi, non può entrare facilmente nella mente. Amma ha fissato queste regole tenendo a mente il loro massimo bene. Essi vengono all'ashram con uno scopo preciso, e Amma vuole aiutarli a realizzarlo.

Gli psicologi criticano spesso le restrizioni monastiche, sostenendo che sono forme di repressione e che la repressione può causare problemi di salute e pazzia. In parte hanno ragione. La *repressione* può portare a tali infermità. Ma nel ricercatore spirituale, dama non è repressione, piuttosto è una sublimazione. Si basa sulla sua conoscenza che l'impulso a indugiare nei sensi è un ostacolo al suo obiettivo più alto. A questo riguardo, Amma dice che è come la scelta di uno studente che evita la compagnia degli amici per preparare un esame, o di un diabetico che rinuncia allo zucchero. Tale rinuncia nasce dalla sua comprensione, dal suo pensiero discriminante. Dunque, la sua mente e il suo corpo sono in armonia e non c'è mai alcun disturbo. Se un bambino crede che il suo orsacchiotto lo protegga dai mostri che vivono nel ripostiglio e noi lo costringiamo a buttarlo via, ciò può facilmente avere un impatto negativo sulla sua psiche, ma quando il piccolo cresce e si libera di questa errata convinzione e decide di sua volontà di smettere di dormire con l'animale di peluche, ovviamente non c'è nulla di male nella cosa in sé. In senso appropriato, dama si basa sulla comprensione che gli oggetti dei sensi sono intrinsecamente privi di valore, non sull'idea che sono un 'male' in senso moralistico.

Un giorno, un certo monaco, che era rimasto chiuso per decenni in una cella a compiere austerità, si ammalò gravemente. Molti medici lo visitarono ma nessuno riuscì a fare una diagnosi. Alla fine, arrivò uno psichiatra. Dopo una breve discussione, lo psichiatra gli disse che il suo problema era la repressione: "Lei ha abbandonato il mondo per 20 anni, rifiutando tutti i piaceri materiali. Ha bisogno di rilassarsi e godere un po' la vita. Le suggerisco di uscire dalla sua cella e di fare un bel viaggio in auto attraverso il paese".

"Non è possibile!", rispose il monaco. "Ho rinunciato a quelle cose. Ho preso i voti! La mia è una vita di austerità, non una corsa in macchina!".

Lo psichiatra rimase fermo nella sua convinzione, dicendogli che si trattava di rilassarsi o di morire. Il monaco chiuse gli occhi riflettendo. Dieci secondi dopo li riaprì. "Va bene," sospirò. "Ma datemi una Mercedes Benz decappottabile, con sedili di lusso in pelle e uno stereo da schianto!".

Il nostro controllo dei sensi deve essere basato sull'intelligenza. Se ci limitiamo a reprimere i nostri desideri, essi non potranno che aumentare e alla fine ci soggiogheranno.

Śama

La prossima disciplina è śama, il controllo della mente. Naturalmente è impossibile isolarsi del tutto dagli oggetti dei sensi potenzialmente pericolosi. Che lo vogliamo o no, qualcuno di essi entrerà nella nostra mente attraverso i sensi e vi lascerà un'impressione. Una volta che questa impressione sarà entrata, continuerà di tanto in tanto a tornare nella mente conscia. Anche se in qualche modo evitiamo di guardare o ascoltare ciò che non è spiritualmente desiderabile, la nostra mente è pienamente esperta in quanto a negatività. Tutti abbiamo fatto l'esperienza di cadere vittima di pensieri negativi. Poniamo di ritrovarci all'improvviso a pensare negativamente di un conoscente, di un collaboratore o di un famigliare, magari criticando eccessivamente qualche difetto della sua personalità. È qui che entra in gioco śama. Sebbene questi pensieri impulsivi non possano essere prevenuti, possono però essere troncati sul nascere. Un metodo di śama consiste nel sostituire semplicemente il pensiero negativo con un pensiero positivo. Ciò può essere fatto ripetendo il nostro mantra, ricordando un'interazione avuta con Amma, o pensando deliberatamente a una buona qualità posseduta da quella persona.

Un altro metodo che Amma raccomanda, è di toglierci intellettualmente dalla testa il pensiero negativo è di chiederci: "Questo pensiero mi è veramente d'aiuto? Aiuta la società? Mi aiuta a raggiungere lo scopo della mia vita? Se vedo soltanto negatività nelle persone, come potrò mai provare un senso di unità con tutta la creazione?". Riflettendo in questo modo, possiamo anche distruggere il pensiero potenzialmente dannoso.

Ora ci si può chiedere come possa aiutarci il guru bhāva di Amma. Riguardo a dama, questo sembra possibile. Amma può imporre delle restrizioni. Ma nella privacy della nostra testa, può intervenire? La risposta è sì. Quando si tratta del seva svolto dagli ashramiti, Amma può diventare molto esigente. Se si accorge che un lavoro è svolto senza attenzione, convoca sicuramente l'interessato. Il rimprovero che segue lascerà un'impressione nella mente della persona, che la renderà più consapevole delle sue azioni nel futuro. Oppure, anziché sgridare qualcuno, Amma punirà se stessa, di solito digiunando. Se abbiamo anche solo un po' d'amore per Amma, questi episodi penosi provocano un effetto ancora più profondo di ogni altro rimprovero.

Quando ancora lavoravo in banca, a volte fumavo. Veramente una delle ragioni principali era che fumare mi aiutava a restare vigile al lavoro, dopo essere stato sveglio tutta la notte durante i Devi e i Krishna Bhāva di Amma. Comunque, stava cominciando a diventare un'abitudine. Una notte, durante la breve pausa tra i due bhāva darshan, andai a prendere una tazza di tè per Amma da un devoto vicino che aveva una casa con annesso un chiosco del tè. Mentre aspettavo fuori che il latte bollisse, pensai che potevo fumare velocemente una sigaretta. Quando la bevanda fu pronta, gettai il mozzicone, mi lavai le mani, risciacquai la bocca e portai la tazza ad Amma. Non appena gliela diedi, mi disse: "Hai fumato una sigaretta, vero?". Ammisi di averlo fatto. Amma mi guardò con un'espressione di disagio e aggiunse: "Allora non lo voglio". Io ci rimasi veramente male perché un'unica tazza di tè era la sola forma di sostentamento che di solito Amma aveva in tutta la notte, e ora, per colpa mia, non avrebbe bevuto neppure quella.

Il giorno dopo, al lavoro, cominciai a desiderare una sigaretta ma quando la presi in mano, subito pensai ad Amma che mi guardava con quell'espressione nello sguardo, dicendo: "Non lo voglio". E pensai anche che aveva digiunato tutta la notte. Decisi di non fumare. Questo non accadde una volta sola. Da quel momento, ogni volta che volevo fumare, pensavo al digiuno di Amma. In breve, smisi di fumare completamente.

Quindi, quando Amma evoca il suo guru bhāva e ci rimprovera, o punisce se stessa, lascia una profonda impressione nella nostra mente. Il desiderio di evitare in futuro un altro incontro di quel tipo con lei crea una maggiore consapevolezza e un'estrema attenzione ai dettagli riguardo a quell'azione.

Allora, il nostro lavoro diventa come una meditazione. Sebbene coltivata con un'accresciuta attenzione ai particolari *esterni*, questa consapevolezza sarà utile anche nei riguardi dei dettagli *interni*. Tale consapevolezza interiore è essenziale affinché śama abbia successo, perché solo se siamo immediatamente consci della presenza di un pensiero o di un impulso dannoso, possiamo rimuoverlo mediante la ripetizione del nostro mantra o l'esercizio del nostro pensiero discriminante. Perciò Amma come disciplinatrice ci può aiutare anche a questo proposito.

Uparama

Uparama è la ferma attuazione del nostro dharma (dovere), qualunque esso sia. Il dharma di un capofamiglia è ovviamente diverso da quello di un brahmachāri o di un sannyāsi, ma, come figli di Amma, abbiamo dei dharma in comune, inclusa la recitazione quotidiana dell'archana, la ripetizione del nostro mantra un certo numero di volte, la meditazione, il seva, ecc. In effetti, per noi figli di Amma, qualunque cosa ella ci dica di fare è nostro dharma. All'ashram, Amma ha i suoi modi speciali per aiutare i brahmachāri a mantenere la regolarità in queste pratiche. Ecco un esempio. Recentemente, Amma è venuta a sapere che un certo numero di brahmachāri aveva disertato l'archana del mattino – la recitazione del Lalita Sahasranāma[6] – che inizia ogni giorno alle 4:50. Quel martedì, quando tutti i residenti dell'ashram andarono da Amma per il prasād, lei lesse i nomi di quelli che erano stati assenti all'archana. A tutti i colpevoli venne poi detto di farsi avanti. "Questo è un ashram", disse Amma. "Le norme e i regolamenti sono a vostro beneficio. Ora dovrete pagare la sanzione. Dovete prendere il vostro piatto e, battendo col cucchiaio, camminare per tutto l'ashram ripetendo: 'Parteciperò all'archana; non ripeterò più il mio errore! Parteciperò all'archana; non ripeterò più il mio errore! Parteciperò all'archana; non ripeterò più il mio errore!'". Rapidamente, l'ashram si riempì del rumore dei cucchiai di metallo battuti sui piatti di metallo e delle timide voci di circa 10 brahmachāri. Quando tornarono da lei, Amma disse: "Siamo tutti studenti di scuola materna, nella spiritualità. Dobbiamo seguire alcune regole e direttive. Tutti noi abbiamo amor proprio, teniamo al nostro corpo e alle apparenze, ricorderemo dunque questa punizione e la prossima volta ciò ci darà più consapevolezza. Coltivando la consapevolezza, diventeremo così attenti che perfino il più piccolo pensiero negativo non potrà entrare nella nostra mente senza che lo sappiamo. Questo è il livello di consapevolezza necessario".

Titiksa

Titiksa è la capacità di mantenere pazienza ed equilibrio mentale mentre si affrontano le diverse esperienze della vita, come caldo e freddo, piacere e dolore, ecc. In breve, significa imparare ad adeguare la mente alla situazione corrente. Uno degli esempi migliori di come Amma instilli titiksa si verifica nei suoi tour indiani. Durante questi tour, gli ashramiti viaggiano in autobus e inevitabilmente i mezzi lasciano molto a desiderare in termini di spazio per le gambe, imbottitura dei sedili e ammortizzatori.

---

[6] I mille nomi della Madre Divina.

A causa della mancanza di posti, a volte, gli ashramiti devono rimanere in piedi a turno. I corridoi dei bus sono spesso zeppi di pentole, padelle, scatole, bauli e altoparlanti. In certi posti le strade sono buone, ma in altri sembra di correre su e giù tra i crateri della luna! Inoltre, la temperatura, durante il giorno, è molto alta e non c'è aria condizionata. Qual è lo scopo di tutto questo? In realtà esso è uno dei modi di Amma di aiutare i suoi discepoli ad aumentare i loro livelli di tolleranza. Il dolore è soggettivo. Ciò che un uomo può considerare estremamente doloroso, è di nessun conto per un altro dalla mente forte. Nessuno di sua iniziativa intraprenderebbe un viaggio simile, eppure vediamo che di fronte all'occasione preziosa di stare del tempo con Amma, non solo i residenti dell'ashram non vedono l'ora di partire, ma anche altri devoti arrivano da tutto il mondo per parteciparvi. Comprendendo la necessità di tali austerità, le affrontano volentieri e concludono il tour mentalmente più forti.

Śraddha

Sraddha è fiducia e fede nelle parole del guru e delle scritture. Possiamo pensare di avere molta fede, ma dopo un'accurata verifica, spesso vediamo che essa è molto limitata. Amma dice: "Di questi tempi, la nostra fede è come un arto artificiale. Non ha vitalità. Non abbiamo una sincera connessione con la fede perché essa non è adeguatamente radicata nelle nostre vite".

Una volta, un uomo stava camminando in montagna, godendosi il panorama, quando si avvicinò troppo al bordo dello strapiombo e cadde. In preda alla disperazione, allungò le braccia e afferrò il ramo di un vecchio albero che cresceva sulla parete del precipizio. Pieno di paura, valutò la sua situazione. Si trovava circa 30 metri sotto il sentiero, in un ripido precipizio e a 300 metri dal fondo del canyon sotto di lui. Gridò: "Aiuto!", ma non ci fu risposta. Gridò ancora e ancora, ma invano. Alla fine urlò: "C'è nessuno lassù?".

Improvvisamente una voce profonda rispose: "Sì, sono qui".
"Chi sei?"
"Sono Dio".
"Puoi aiutarmi?"
"Sì, posso aiutarti. Abbi fede in me".
"Va bene, ho fede e adesso, aiutami, *per favore!*"
La profonda voce replicò: "Voglio che tu abbia fede in me e che ti lasci andare".

Guardandosi intorno, l'uomo si sentì pieno di panico: non poteva credere alle sue orecchie. "Che cosa?".

La voce ripeté: "Abbi fede in me. Lasciati andare. Ti prenderò io".

A quel punto l'uomo gridò: "Uh... c'è qualcun altro lassù?".

La fede non è qualcosa che possa essere imposta con la disciplina, tuttavia Amma ci aiuta a nutrire questa fede in noi. Quando un maestro realizzato parla, la sua parola ha un potere di autorità come nessun altro, perché le verità che proclama nascono al cento per cento dalla sua esperienza. Nessun filosofo o erudito, nessuna scrittura potrà creare un simile impatto. Tutte le azioni e le parole del satguru riflettono il fatto che egli è stabilito nella realtà suprema e che è possibile per ciascuno di noi realizzare quella Verità per noi stessi.

Inoltre, nella vita spirituale scopriamo che la fiducia genera più fiducia. Nella cultura indiana, la fede è nutrita fin dall'arrivo del bambino nel mondo. I Samskāra – i riti della nascita, le cerimonie del nome, i rituali del primo cibo solido, dell'iniziazione alla lettura dell'alfabeto, i riti matrimoniali, ecc. – si intrecciano lungo tutta l'esistenza, in modo da radicare la persona sempre più saldamente nel potere e nella validità della tradizione religiosa e spirituale. Quando si arriva da un guru, la fede profonda nei principi spirituali è già stata consolidata interiormente attraverso la propria esperienza personale. Sotto la guida del guru, questa fede continua a maturare. Per esempio, il guru ci chiede spesso di svolgere dei compiti che sono estranei alle nostre comode abitudini, magari chiedendoci di fare un lavoro per il quale ci sentiamo totalmente inadeguati. Se abbiamo fede nel guru e agiamo senza alcuna esitazione, scopriremo che le nostre paure erano infondate e ciò farà crescere ancora di più la nostra fede. D'altro canto, se cediamo alle nostre inibizioni e ci asteniamo dal seguire le parole del guru, le nostre paure non potranno che aumentare. Se guidata dalla fede, la mente è un eccellente servitore, ma se le consentiamo di dirigerci, diventa un maestro molto tirannico.

Samādhāna

Samādhāna è la perfezione nella concentrazione su un punto, ed è possibile solo attraverso il compimento delle pratiche spirituali assegnate dal guru, come la meditazione, il *mantra japa* e le altre forme di preghiera e di canto. (Discuteremo questo tema in dettaglio nel capitolo otto). Finché il nostro desiderio di liberazione non si sarà pienamente acceso, se lasciati a noi stessi, la regolarità in tali pratiche potrebbe anche vacillare, ma all'ashram, Amma fissa un programma rigoroso che tutti i discepoli devono seguire e che li aiuta a raggiungere la perfezione nella concentrazione.

La concentrazione non è necessaria solo per focalizzarci durante la meditazione o per ascoltare le parole del nostro guru, ma è fondamentale anche per raggiungere la meta della nostra vita. Amma si riferisce a questo tipo di concentrazione come a laksya bodha – consapevolezza dell'obiettivo. Nell'ashram di Amma potete trovare un po' ovunque, negli ascensori, sui monitor dei computer, sui volanti delle auto, dei piccoli adesivi incollati dalle persone in cui vi è scritto: 'Ricorda di ripetere il tuo mantra'. Se abbiamo la giusta attitudine, ogni pensiero riguardo al guru può servire da adesivo.

Non dobbiamo pensare che un bel giorno Amma ci chiamerà per annunciare che quel momento segna l'inizio della nostra relazione guru-discepolo. Non è così. Amma valuta in ogni persona la maturità, l'abbandono, il distacco e l'anelito per raggiungere la meta e agisce di conseguenza, sempre tenendo presente il quadro d'insieme. Alcuni sono più o meno pronti subito, altri hanno bisogno, per così dire, di cuocere ancora un po' nel forno. Non c'è bianco e nero. Amma ci disciplinerà in base alla nostra maturità. Inoltre, ognuno è diverso, non tutti richiedono la diretta disciplina di Amma. Ci sono persone che sono all'ashram da vent'anni e che Amma non ha mai corretto direttamente in nessun modo. Allo stesso tempo, ci sono devoti che non hanno mai messo piede ad Amritapuri e con i quali Amma è molto severa quasi fin dal primo istante. Tutto questo dimostra che Amma ha una visione più vasta di quella che ci lasciano vedere i nostri occhi, prendendo in considerazione il passato, il presente e il futuro di ciascuno, e agendo di conseguenza.

Amma dice che non possiamo redigere un elenco di tutte le regole con cui il guru tratterà un discepolo. "Il guru guida il discepolo secondo le *vāsana* (tendenze) che questi ha acquisito durante molte vite", asserisce Amma. "Perfino in situazioni identiche, il guru potrà comportarsi in modo molto diverso con differenti discepoli. La cosa non avrà necessariamente senso per voi. Soltanto il guru ne conoscerà le ragioni e deciderà quali procedure seguire, al fine di indebolire le vāsana di un particolare individuo e di guidarlo alla meta. Il solo fattore che aiuterà il progresso spirituale del discepolo è che si affidi alle decisioni del guru. Quando due discepoli fanno lo stesso errore, il maestro può arrabbiarsi con uno ed essere molto tenero con l'altro, comportandosi come se nulla fosse accaduto".

In definitiva, il guru sgretola l'ego dei discepoli. È come lo scultore che scalpella un grande pezzo di marmo. Dalla prospettiva del marmo può sembrare molto doloroso, ma il maestro sa vedere la bella immagine di Dio che attende all'interno. Non è un processo che può essere fatto in fretta, il guru procede con cautela. È un processo che può essere eseguito solo da un maestro artista, altri distruggerebbero il marmo e rovinerebbero la bellezza dell'immagine che vi si cela.

L'unica differenza tra una pietra e un discepolo è che la prima non ha altra scelta che arrendersi. Il discepolo può sempre stancarsi e andarsene, cosa che talvolta accade. Alcuni punti che il guru colpisce possono essere molto dolorosi e un satguru come Amma conosce tutti i punti giusti! In India ci sono persone chiamate mārmika, le quali conoscono ogni punto del corpo su cui la pressione precisa di un dito può mettere fuori combattimento un individuo. In molti sensi, Amma è così. Con una frase ci può togliere ogni forza e, inoltre, ha il potere di oscurare questo momento agli occhi di tutti i presenti. Ad alcuni ciò che dice sembrerà una battuta, ad altri ancora uno dei lila (giochi divini) di Amma, o addirittura un complimento. Solo il bersaglio di Amma saprà quanto tagliente e precisa sia stata la sua freccia.

Ricordo un fatto successo alcuni anni fa. Amma stava dando il darshan e un devoto chiese: "Amma, ogni volta che vengo all'ashram sento molti bei bhajan. Da dove arrivano tutti questi canti? Chi li compone?".

Amma rispose: "Sono composti da molte persone, devoti, brahmachāri, *brahmachārini, swāmi...*" Poi, indicando un brahmachāri seduto accanto a lei, aggiunse: "Lui ne ha scritti alcuni molto belli".

Apparentemente, Amma stava rivolgendo un complimento a quel brahmachāri, ma in verità si trattava di un colpo molto preciso inferto dallo scalpello di Amma. Il brahmachāri aveva realmente composto numerosi bhajan che poi aveva dato ad Amma, ma lei non ne aveva ancora cantato nemmeno uno. E una settimana prima, il giovane aveva appunto affrontato Amma su questo argomento, dicendo: "Amma, ti ho offerto tanti bhajan ma tu non ne hai mai cantato neppure uno! Altre persone ti danno dei bhajan, e vedo che non sono belli come i miei, eppure tu cominci subito a cantarli. È perché tu ami loro più di me, lo so!".

Amma rispose: "Figlio, dici che hai 'offerto' questi canti ad Amma, ma è vero? Se offriamo veramente una cosa a qualcuno, non sarà più nostra, apparterrà alla persona a cui l'abbiamo regalata. Questo è il vero offrire. Il tuo 'offrire' sembra che abbia molte condizioni annesse".

Esteticamente e tecnicamente, i bhajan composti da quel brahmachāri forse erano di qualità superiore. Tuttavia, come suo guru, la principale preoccupazione di Amma non era quella di cantare dei bellissimi bhajan, ma di impartirgli una lezione sull'ego[7], che si manifesta col sentimento di essere l'autore delle cose. Amma ha sempre in mente il nostro sommo bene. Infatti, anche se possono sembrare dolorose, simili esperienze sono preziose. Amma si prende il tempo di scolpire, correggere, rifinire.

Ricordo di aver letto una volta un verso a lode del guru che recitava:

Se ti senti come un topo la cui coda sia rimasta
intrappolata tra gli artigli di un gatto, sappi che nel
suo cuore il guru ti considera sommamente caro.

Dobbiamo tenere sempre viva dentro di noi questa comprensione altrimenti, come il brahmachāri che aveva 'offerto' i canti ad Amma, potremmo cominciare a giudicare il guru, pensando erroneamente che le sue azioni nascano da una serie di sue attrazioni e repulsioni e che non siano per il nostro sommo bene.

Ricordo una famiglia che viveva all'ashram. Esteriormente, tutti i membri erano molto vicini ad Amma, ma quando il guru bhāva di Amma si manifestò per loro, velocemente fecero i bagagli e scapparono, dicendo: "Guruvāyūrappan[8] è sufficiente per noi!". I devoti di Dio pregano sempre affinché Dio prenda forma e faccia

---

[7] Alcune settimane dopo, Amma cominciò a cantare alcuni dei bhajan del brahmachāri.

[8] La statua di Sri Krishna che si trova in un famoso tempio del Kerala, nei pressi di Trissur.

loro visita, ma quando ciò accade, dopo poco vogliono che se ne torni da dove è venuto!

Il guru interiore

Un satguru non solo mette in evidenza i nostri difetti, ma ci aiuta anche a vederli da soli. Il mondo comincia gradualmente a divenire uno specchio che riflette tutte le nostre negatività e i difetti del nostro carattere. In effetti, Amma dice che lo scopo del guru esterno è di aiutarci a risvegliare il guru interiore. Quando sviluppiamo questo livello di sintonia, il mondo intero diventa il guru. Ovunque guardiamo, vediamo gli insegnamenti che abbiamo appreso dal guru esteriore, nella vita di famiglia, in quella professionale, sociale, e anche nella Natura. Così era per Amma da piccola, come lei stessa dice. "In questo mondo ogni cosa è il guru di Amma. Dio e il guru sono all'interno di ogni persona, ma finché l'ego è presente, non ne siamo consapevoli. L'ego agisce come un velo che nasconde il guru interiore. Quando lo scoprirete, percepirete il guru ovunque nell'universo. Quando Amma trovò il suo guru interiore, tutto divenne il suo guru, incluso ogni granello di sabbia. Forse vi chiederete se perfino una spina fosse il guru di Amma. Ebbene sì, ogni spina era il suo guru; quando il vostro piede è punto da una spina, fate maggiore attenzione al sentiero, perciò quella spina vi aiuta a non essere punti da altre spine e vi evita di cadere in un fossato profondo. Amma considera anche il suo corpo come guru: se contempliamo la natura impermanente del corpo, arriviamo a comprendere che il Sé è la sola realtà eterna. Ogni cosa intorno ad Amma la conduceva alla bontà e per questo, lei nutre un sentimento di rispetto verso ogni cosa nella vita".

Compito del guru esteriore è condurci a questo punto, ma una volta arrivati, non ci abbandonerà. Al contrario, il guru sarà allora sempre con noi, mangerà con noi, camminerà con noi, lavorerà con noi e perfino dormirà con noi, perché i suoi insegnamenti saranno diventati una sola cosa con noi e ovunque la nostra mente andrà, essi l'accompagneranno. E poi sarà con noi anche la conoscenza che l'essenza del guru, la coscienza, pervade il cosmo. Raggiunto questo punto, saremo come su un treno espresso: non scenderemo più e tutta la vita sarà vissuta in comunione col satguru.

Capitolo Quattro

Il ruolo dell'ashram di Amma

"Un ashram non è un semplice raggruppamento di edifici inanimati, di templi e di alberi, ma è l'autentica incarnazione della grazia del sadguru. È un'istituzione vitale, dinamica e vivace che stimola l'aspirazione del sincero studente a realizzare lo stato di unità".

—Amma

Per chi è interessato allo sviluppo spirituale, nessun luogo è più adatto dell'*ashram* di un maestro illuminato. Amritapuri è simile a una università, il luogo perfetto per imparare, mettere in pratica e assimilare gli insegnamenti spirituali. Una volta arrivati qui, non c'è bisogno di andare altrove.

Sebbene Amritapuri sembri più spesso un luogo di feste che un eremitaggio, Amma provvede a tutto quello che serve per la nostra crescita spirituale, sia a livello fisico che sottile. A questo proposito, l'ashram di Amma è intenzionalmente un microcosmo del 'mondo reale', dove incontriamo tutti i tipi di persone e di situazioni. Se possediamo la giusta attitudine, questo ci aiuterà a maturare spiritualmente. L'esperienza dell'ashram può essere paragonata a imparare a nuotare in una piscina anziché direttamente nell'oceano. Restando sotto lo sguardo protettivo di un esperto bagnino come Amma, possiamo apprendere, e gradualmente perfezionare, tutti i movimenti necessari per stare a galla nella vita. In seguito, potremo nuotare ovunque. Come Amma dice: "Per chi ha padronanza del nuoto, le onde dell'oceano

rappresentano solo un gioco delizioso, ma per chi non sa nuotare, sono terrificanti e possono provocare la morte".

Per molti, la prima visita all'ashram di Amma equivale a un ritorno a casa. Pur non essendoci mai stati prima, si sentono come se ritornassero davvero a casa per la prima volta nella vita. Al momento della pubblicazione di questo libro, all'ashram vivono più di 3.000 residenti fissi, tra *sannyāsi*, *brahmachāri* e *brahmachārini*, coppie sposate e singoli individui (uomini e donne). Amritapuri è anche la casa di circa 3.000 studenti universitari, poiché vi ha sede uno dei cinque campus di Amrita University. Ogni giorno, inoltre, centinaia di devoti da tutto il mondo visitano l'ashram: alcuni restano per periodi anche di sei mesi, ma vi sono migliaia di persone che vengono solo per un giorno per avere il *darshan* di Amma. Un ashram, che un tempo era solo la casa dei genitori di Amma, è stato trasformato in un villaggio pienamente sviluppato.

Amma paragona spesso l'ashram a una grande famiglia allargata. In India, la tradizione vuole che quando un figlio si sposa, la moglie vada a vivere nella famiglia di lui – se non proprio nella stessa casa, almeno nello stesso complesso abitativo. Alcuni di questi sono enormi. Ricordo che, nel 2007, Amma fece visita a un posto simile, vicino al tempio di Sri Ranganāthan a Tiruccirapalli, nel Tamil Nadu, dove dovevano esserci almeno 70 parenti che vivevano insieme in un unico edificio. Ma questo è ancora niente. A Lakkur, nel Karnataka, c'è una famiglia i cui 170 membri vivono tutti insieme! Nei tempi antichi, la maggior parte delle famiglie indiane era così. Ora si preferisce una famiglia nucleare. L'atteggiamento prevalente è che due genitori e i loro figli sono più che sufficienti per stare sotto lo stesso tetto. Non appena i figli sono grandi, poi, vogliono andarsene e avere un loro spazio. Amma dice che se guardiamo bene, vediamo che i bambini cresciuti in famiglie allargate generalmente maturano prima e hanno una mentalità più elastica rispetto ai figli unici, o ai figli cresciuti con uno o due fratelli soltanto.

Vivere ad Amritapuri è così, ma all'ennesima potenza. Nel sistema familiare allargato, tutti parlano la stessa lingua e appartengono alla stessa cultura. Ad Amritapuri, ci sono persone provenienti da oltre 50 paesi differenti che parlano dozzine di lingue! Amma paragona tutti questi diversi tipi di persone che vivono e lavorano insieme a centinaia di pietre grezze gettate in una gigantesca macchina macina-sassi nella quale, sbattendo e urtando le une contro le altre, i loro bordi ruvidi vengono levigati. Alla fine, le pietre escono lisce, lucide e splendenti.

Nel mondo di oggi vediamo esattamente l'opposto. Ognuno si nasconde agli altri. L'impiegato si nasconde al suo capo, il marito si nasconde alla moglie e la moglie al marito. I figli si nascondono ai genitori, e i genitori ai figli! Come dice Amma: "Se in una famiglia ci sono quattro persone, tutte vivono come isole separate".

Questo mi ricorda una vignetta che mi mostrò una volta un devoto. Vi era raffigurata una moglie, una donna enorme con in mano un mattarello. La donna stava guardando sotto il letto e gridava: "Esci da lì, se sei un uomo!". E chi c'era sotto il letto? Il marito. Un uomo piccolo e mingherlino, rincantucciato nell'angolo più lontano del letto che da lì rispondeva urlando: "Sono io l'uomo di casa! Uscirò quando vorrò!".

Noi pensiamo che il nostro isolamento sia una scelta, ma in realtà stiamo solo permettendo alla nostra insicurezza e alla nostra ipersensibilità di imprigionarci. Reclamiamo 'lo spazio sotto il letto' con un grande senso di vittoria, beatamente inconsapevoli che ci stiamo isolando dal resto della casa!

Oggi, tutti vogliono la propria stanza, il proprio ufficio e la propria macchina. Nelle nostre mani, perfino gli strumenti inventati per stimolare la comunicazione sociale, come i telefoni cellulari e Internet, ci servono soltanto per isolare e isolarci più che mai. Il risultato è una generazione del tutto incapace di affrontare le più piccole difficoltà con serenità mentale. Quando si presenta un conflitto, sprofondiamo nella depressione o esplodiamo di rabbia. Nel nostro mondo isolato, non c'è nessuno che tenga sotto controllo il nostro ego e il nostro egoismo. Diventiamo completamente concentrati su noi stessi, incapaci di considerare i sentimenti e i punti di vista degli altri.

Nel 2007, in occasione del Festival Cinema Verité di Parigi, Amma ha pronunciato un discorso intitolato *La compassione: unica via alla pace,* nel quale ha parlato per esteso della disarmonia esistente tra l'umanità e la Natura e ha indicato una serie di comportamenti che le persone possono mettere in pratica per cominciare a correggere la situazione. Tra questi suggerimenti, il 'carpool', l'uso comune delle automobili. Dopo aver elencato tutti i benefici immediati – meno inquinamento, meno consumo di carburante, meno traffico, ecc. – Amma ha detto: "E soprattutto, cresceranno l'amore e la cooperazione tra la gente". Amma vede chiaramente che questo auto-isolamento sta avendo un forte impatto negativo sulla mente degli individui e sulla società nel suo complesso. La vita all'ashram si basa sullo stesso principio, è come un grande 'carpool'.

L'ashram offre un ambiente ideale per le nostre pratiche spirituali. Come vedremo nei capitoli successivi, possiamo sostanzialmente dividere le pratiche spirituali in tre momenti: karma yoga, meditazione e ricerca della conoscenza del Sé. Come vedremo più in dettaglio nel quinto capitolo, il karma yoga mira principalmente ad aiutarci a raggiungere *vairāgya* (distacco), andando oltre le nostre preferenze e avversioni, in modo da ottenere almeno un relativo livello di serenità mentale. Per questa pratica spirituale non c'è posto migliore di Amritapuri. Per superare qualcosa, dobbiamo prima diventare consapevoli della sua presenza. Ad Amritapuri non ci sono luoghi dove isolarsi, né letti sotto i quali nascondersi. Se insistiamo nel tenerci strette le nostre simpatie e antipatie, può diventare un posto per niente confortevole. D'altro canto, se comprendiamo che queste sono limitazioni sostanzialmente indesiderabili, Amritapuri può diventare il luogo perfetto per la pratica.

Nell'ashram, l'opportunità di intraprendere *tapas* (austerità accettate liberamente) è presente ovunque. Avete modo di imparare la pazienza mentre fate la fila per il cibo o per ricevere il darshan di Amma. È possibile praticare *titiksa* (indifferenza alle difficoltà) aprendovi a stento un varco controcorrente tra la folla presente durante i giorni di festa come Onam o il compleanno di Amma. Potrete superare la dipendenza dal sonno restando alzati in compagnia di Amma. Potrete vincere la dipendenza dal cibo saporito e magari scoprire che per dormire non vi serve davvero un letto comodo nella vostra stanza, ma che siete in grado di riposare come un bambino su una stuoia in una stanza di 4x4 metri, insieme a un paio di altre persone; potrete superare la vostra avversione al rumore e imparare a essere in pace in ogni circostanza.

Una volta, qualcuno mi ha raccontato la seguente barzelletta, ambientata in un paese dove ogni cosa aveva bisogno di molto tempo per essere realizzata. A un uomo serve un'auto e perciò si reca da un concessionario che gli mostra due modelli; lui sceglie quello che preferisce e paga. Il commerciante dice: "Può venire a ritirare la sua vettura esattamente tra 10 anni a partire da oggi".

L'uomo risponde: "Oh, di mattina o di pomeriggio?":

"Che differenza fa?", chiede il commerciante.

"Sa, la mattina aspetto l'idraulico!", replica l'uomo.

Non voglio dire che l'ashram assomigli a un paese governato in modo inefficiente, né che dobbiamo soffrire inutilmente, ma piuttosto che le qualità positive come la pazienza possono essere sviluppate, se accettiamo con grande calma le situazioni difficili e le affrontiamo con un atteggiamento positivo. Per giunta, la presenza e la vibrazione di Amma aiutano la nostra mente a restare focalizzata nonostante le problematiche che si presentano.

Anche per quanto riguarda la seconda pratica spirituale, la meditazione, Amritapuri è un luogo benedetto. È quasi un paradosso. Come può un posto ronzante come un alveare, pieno di rumori e attività, essere propizio per la meditazione? Questo è un dubbio comune alle persone che visitano l'ashram per la prima volta, ma se si fermano qualche giorno, si ritrovano rapidamente a sperimentare la pace interiore, nonostante la confusione esterna. Anche se affollato da 10.000 persone, l'ashram offre l'opportunità di sperimentare un certo senso di solitudine. Ciò può essere attribuito solo alla presenza di Amma, un maestro vivente. Infatti, è la sua presenza che ci aiuta ad abbandonare le nostre preferenze e repulsioni e ad arrenderci attraverso il karma yoga. La presenza di un'anima perfettamente illuminata è qualcosa di supremamente unico e trasformativo.

"Per quanto a lungo scaviamo in uno stesso punto, non necessariamente troveremo l'acqua", dice Amma. "Se, invece, scaviamo vicino a un fiume, la possiamo trovare facilmente, non dobbiamo scavare molto in profondità. In modo analogo, la vicinanza di un satguru facilita il compito spirituale di voi discepoli, così che sarete in grado di godere i frutti delle vostre pratiche senza molto sforzo".

Avendo realizzato la realtà suprema, la mente di Amma è sempre satura di beatitudine. La sua mente è talmente pura che irradia una vibrazione di pace e tranquillità. Questa vibrazione si espande tutto intorno e tocca la mente di chi è vicino a lei. Essa pervade l'intero ashram. Ecco perché molte persone si sentono immediatamente più rilassate e in pace non appena entrano nell'ashram. Perfino giornalisti privi di qualunque inclinazione spirituale parlano spesso di questa esperienza. È come il fenomeno della vibrazione simpatetica per la quale un'entità che vibra a una certa frequenza fa sì che altre entità separate inizino a vibrare alla sua stessa frequenza. È proprio questo il fenomeno simboleggiato nei ritratti dei vari santi, dove leoni e agnelli giacciono miti al loro fianco. La paura dell'agnello e la ferocia del leone sono neutralizzate dalla potente vibrazione di pace della mente del mahātma.

All'ashram viene ogni tipo di persona. Alcuni sbarcano dai battelli turistici che scendono lungo i canali e spesso portano visibilmente il peso del mondo sulle spalle. Pur essendo in vacanza, si può affermare che per molti di loro i fardelli della vita siano un carico greve. Quando vedo questo tipo di persone, devo ammettere che il mio interesse si risveglia. Perché? Perché so che se resteranno una settimana o due, vedremo verificarsi in loro una grande trasformazione. Inizieranno a camminare, a parlare e a sorridere in modo diverso... Sembreranno fisicamente e mentalmente più sane, mentre il loro volto, che prima rifletteva nubi scure, emanerà una luce speciale. Non posso che attribuire questo fenomeno alla profonda e potente vibrazione che Amma irradia. Ed è questa potente vibrazione che rende la nostra mente naturalmente meditativa così che, intorno ad Amma, le persone trovano molto più facile ripetere il loro mantra con concentrazione, visualizzare l'oggetto della meditazione e, più in generale, restare focalizzate su Dio.

Per quanto riguarda lo *jnana yoga*, ancora una volta Amritapuri offre un ambiente ideale. Amma non solo tiene sistematicamente discorsi e guida sessioni di domande e risposte, ma ci sono anche lezioni regolari su scritture fondamentali come le Upanishad, la Bhagavad Gita e i Brahma Sutra. La rara bellezza delle sessioni di domande e risposte consiste nel fatto che Amma non pone limiti alle domande che possono esserle rivolte e che, inoltre, risponde sempre secondo il livello di comprensione di ciascuno. Simili risposte personalizzate sono assolutamente introvabili nei libri. Amritapuri è il luogo ideale per studiare le scritture, chiarire i propri dubbi e sostanzialmente assimilare la conoscenza spirituale. Nella pace dell'ashram di Amma, si è più facilmente riflessivi, più capaci di operare ai vari livelli di *sāksi bhāva* (lo stato di testimone) e di contemplare la verità del Sé.

Amma dice che il suolo di Amritapuri è stato coltivato con le sue stesse lacrime: le austerità che ha compiuto e continua a compiere per il bene del mondo. Ciò ha reso sacra questa terra e in questo senso, Amritapuri è il terreno più fertile che si possa trovare per coltivare la *bhakti* – la devozione a Dio. Amma non definisce la bhakti come la devozione a una specifica forma di

Dio, ma dice che è la forma più pura d'amore – un amore senza limiti, aspettative o restrizioni. Il suo culmine sta nell'abbandonarci totalmente al Divino. A seconda dello stadio di sviluppo del ricercatore, la devozione si manifesta in modi diversi, ma il sentimento interiore resta sempre e può solo diventare più forte. Molti vengono ad Amritapuri senza neppure conoscere il significato della parola 'devozione', ma ben presto la bhakti nasce in loro. Ascoltando i toccanti *bhajan* di Amma, vedendo il suo rapimento nell'invocare i nomi di Dio, ci ritroviamo rapidamente trasformati, mentre i nostri cuori si espandono nell'amore per Dio. La bhakti, da concetto astratto, si trasforma nel centro di quello che siamo realmente.

Già solo passeggiando nell'ashram ci sentiamo ispirati a impegnarci e a perseverare nelle nostre pratiche spirituali. In quasi ogni aspetto, l'ashram è l'esatto opposto della nostra dimora. La famiglia dispone al massimo di una piccola stanza dedicata a Dio, il resto è tutto per la famiglia. All'ashram è come vivere dentro a un'enorme stanza della *pūja*[1]! La casa è predisposta per le nostre comodità. Le foto dei membri della famiglia alle pareti, i ricordi delle nostre vacanze, la televisione, il morbido sofà... tutto è un rimando costante alla nostra persona limitata e un richiamo ad abbracciare gli agi attraverso i sensi. Nelle nostre case, spesso noi siamo i soli a volerci svegliare presto, recitare l'*archana*, praticare la meditazione, studiare le scritture, ecc. Quando siamo in silenzio, la famiglia fa una festa! Quando cerchiamo di digiunare, cucina i nostri piatti preferiti! Ricordo che sull'argomento qualcuno una volta mi ha mostrato un fumetto. Seduto nella sua camera, c'era un adolescente vestito come un *brahmachāri*, tonaca, capelli rasati a eccezione del ciuffo, tamburello per i bhajan in mano. In piedi, sulla porta, c'erano i suoi genitori che non sembravano molto compiaciuti della scelta di vita del loro figliolo. Il fumetto

---

[1] In India, una stanza della casa è tradizionalmente riservata alla preghiera, alla meditazione e al culto.

diceva: "Caro, tuo padre e io vogliamo solo che tu sappia che saremo con te al cento per cento se decidessi di tornare a essere un tossicodipendente".

L'ashram è esattamente l'opposto, tutti i ritratti rappresentano divinità o mahātma. Ovunque guardiate, vedrete persone vestite con l'abbigliamento della purezza e della rinuncia. Tutto è impregnato di Amma, le sue impronte coprono il suolo dell'ashram. Ammiriamo i canali e ci ricordiamo di quando abbiamo visto Amma attraversarli sulla barca del villaggio, o le storie che abbiamo sentito raccontare di lei che nuotava con i bambini suoi compagni di giochi. Vediamo l'oceano e pensiamo ad Amma seduta sul bordo dell'acqua mentre canta estatica "Srstiyum Niye". E ovviamente, quando Amma è all'ashram, è possibile andare in ogni momento a vederla dare il darshan. Bhajan con Amma ogni sera! Non c'è un'atmosfera più ispirante dell'ashram di un maestro vivente.

Qui c'è il potere del *sangha* – la compagnia spirituale. Tutti si svegliano presto, meditano, partecipano ai bhajan, ecc. Al mattino, le persone si aiutano reciprocamente a svegliarsi per l'archana, nel caso qualcuno continui a dormire dopo il suono della campana, ecc. Questo ci aiuta a perseverare in tempi in cui, se lasciati a noi stessi, potremmo mollare. È come imparare l'alfabeto a scuola anziché da soli.

Le quattro fasi della vita

Lo schema vedico della vita comprende quattro *āśrama* (stadi di vita): *brahmacārya āśrama, grhasta āśrama, vānaprastha āśrama* e *sannyāsa āśrama*[2]. Secondo questo sistema, i ragazzi (approssimativamente dai 7 ai 20 anni) andavano a vivere in un ashram, vivevano come brahmachāri e ricevevano dal guru un'istruzione

---

[2] I quattro āśrama (stadi della vita) sono: vita da studente, vita di famiglia, vita da eremita e vita monastica.

sia laica che spirituale. Successivamente, la maggioranza entrava nel grhasta āśrama (vita di famiglia), mentre i pochi che possedevano il distacco necessario per rinunciare al matrimonio, accedevano direttamente al sannyāsa āśrama (vita monastica). La vita di famiglia non era intrapresa per ritrovarsi intrappolati nei propri desideri, ma veniva utilizzata come un mezzo per soddisfarli in parte e purificare la mente attraverso il karma yoga. Come risultato, si sviluppava la maturità che viene dalla comprensione che la felicità duratura non può mai arrivare esaudendo i propri desideri. Quando i figli della coppia erano cresciuti e i genitori erano liberi dalle responsabilità, lasciavano la loro casa per seguire una vita di meditazione nella foresta, vānaprastha āśrama. Infine, quando erano mentalmente pronti, essi troncavano anche il loro legame di marito e moglie e iniziavano il sannyāsa āśrama.

Per varie ragioni, questo sistema si è completamente deteriorato durante gli ultimi due secoli e Amma afferma che cercare di farlo rivivere sarebbe solo un fallimento. Anziché cercare di ricreare il passato, dobbiamo focalizzarci su come andare avanti, preservando i nostri valori tradizionali per quanto possibile. È a questo scopo che è nato l'ashram di Amma: creare uno spazio dove le persone provenienti da ogni settore della vita possano vivere e intraprendere le varie pratiche spirituali originariamente compiute nei quattro āśrama.

La vita all'ashram non è intesa per sfuggire alle nostre responsabilità. Una volta che ci siamo impegnati in un cammino nella vita, dobbiamo seguirlo fino alla giusta conclusione. Nell'ashram di Amma, la maggior parte delle persone che entrano a farne parte come brahmachāri o brahmachārini sono giovani laureati non ancora sposati. Tutti sui vent'anni, essi si uniscono all'ashram con l'intenzione di dedicare la loro intera vita al sentiero spirituale. Non prendono voti formali, ma è loro intenzione farlo. Entrano a far parte dell'ashram inteso come condizione opposta alla vita matrimoniale. Amma raccomanda spesso alle persone interessate a questo genere di vita di vivere all'ashram un anno o più e verificare come la loro mente risponda ai regolamenti e alle norme. In seguito, se sentono di avere il necessario distacco, possono aggregarsi all'ashram. Alcuni di loro, dopo avervi vissuto per molti anni, vengono iniziati formalmente al brahmachārya e ricevono le vesti gialle da Amma stessa. I brahmachāri e le brahmachārini sono monaci e monache in via di formazione: vivono sulla base di severe regole di comportamento, studiano le scritture e purificano la loro mente attraverso il *seva* e la meditazione.

Oltre ai brahmachāri e alle brahmachārini, Amritapuri è la dimora di centinaia di famiglie, provenienti dall'India e dall'estero, che hanno deciso di vivere e crescere qui i propri figli. Alcune conservano il lavoro esterno, altre sono in grado di dedicarsi completamente ai vari seva e alle istituzioni dell'ashram. Ci sono anche molte coppie di pensionati che vivono all'ashram. Quindi, sia i *grhastāśrami* (persone con famiglia) sia i *vānaprasthāśrami* (eremiti in età di pensione) hanno la loro residenza ad Amritapuri.

Infine, ci sono i sannyāsi, già brahmachāri, che sono stati iniziati a una vita di totale rinuncia secondo le indicazioni dirette di Amma, e che non vivono più in base a motivi egoistici, ma per dedicarsi completamente a servire il mondo. Amma ritiene che un sannyāsi debba fare voto di servire il mondo in modo disinteressato. Egli è tenuto a comprendere di non essere il corpo, la mente e neppure l'intelletto, e deve perciò stabilirsi nell'*ātma* (il Sé). Nel 2007, parlando a una congregazione di sannyāsi[3], Amma ha esposto la sua concezione del *sannyāsa* con queste parole: "Un autentico sannyāsi è chi sa essere appagato compiendo qualunque azione. *Ātma samarpanam* (il dono di Sé) è il segreto della felicità. Questo significa che un sannyāsi deve essere capace di agire senza attaccamento. E il non-attaccamento è possibile solo grazie all'abbandono. Un cuore pieno di compassione, la prontezza

---

[3] Il Sannyāsi Sangha, tenuto il 24 settembre 2007 presso lo Śivagiri Math di Varkkala, Thiruvananthapuram, Kērala, in occasione del 75°anniversario del pellegrinaggio di Śrī Nārāyana Guru Dharma.

al sacrificio di sé prodotta da un cuore simile, e la felicità che proviene dal sacrificare i propri agi per il bene degli altri, rendono le azioni di un sannyāsi uniche ed eccezionali. Soltanto un autentico sannyāsi può determinare un reale cambiamento negli altri". Infatti, il sannyāsa, almeno come stato mentale, è la meta ultima della vita spirituale. È solo per questo che le persone di tutti gli altri āshrama (stadi di vita) stanno lottando. È il culmine della vita umana.

Dunque, possiamo vedere che nell'ashram di Amma c'è un posto per tutti, se si hanno la maturità e il distacco per vivere una vita semplice, dedicata al progresso spirituale. Detto questo, non tutti i devoti di Amma hanno bisogno di unirsi all'ashram, perché ciò potrebbe non corrispondere alla loro situazione attuale. Si tratta di una decisione personale. Più importante che trasferirsi ad Amritapuri, infatti, è rendere le nostre stesse case degli ashram. Vivete la vostra vita, mantenendo le responsabilità famigliari, purificando la vostra mente e mettendo in pratica gli insegnamenti di Amma. Trattate i membri della vostra famiglia come incarnazioni di Dio e serviteli e amateli di conseguenza. Una casa simile è un vero ashram! Come dice Amma: "Un autentico grhastāśrami è uno che ha fatto del suo grham (casa) un ashram".

Amma sottolinea ripetutamente che più importante della vicinanza fisica è la 'sintonia' mentale: "Dove c'è amore, non c'è distanza. Il fiore di loto si trova a milioni di chilometri dal sole, ma quando questi splende, i suoi petali si aprono ugualmente. Al contrario, anche se siete seduti vicino a una torre della radio, se il vostro apparecchio è sintonizzato su una frequenza sbagliata, non potrete seguirne i programmi. La zanzara succhia solo sangue dalla mammella della mucca, mai latte".

Uno dei doni di Amma per noi è rappresentato dalle migliaia di gruppi di Satsang sparsi in tutto il mondo. Attraverso questi centri, ashram e case di devoti utilizzate come luoghi di incontro, possiamo regolarmente trascorrere del tempo con i devoti nostri compagni, cantare i bhajan, recitare i nomi divini e impegnarci in progetti di servizio disinteressato. Questo ci aiuterà a mantenere l'ispirazione e l'entusiasmo nei confronti delle nostre pratiche spirituali e potrà anche costituire un sostegno in tempi difficili o di problemi personali. Dobbiamo ricordare, però, che lo scopo dei gruppi di Satsang è di aiutarci a orientare le nostre vite verso il *sat* – la Verità – e non altrimenti. Essi devono essere luoghi dove andiamo per una pausa dalla vita mondana – luoghi di crescita spirituale. Perciò, lasciamo fuori dalla porta tutti i pettegolezzi, le conversazioni mondane e le rivalità!

Inoltre, tutti possono, e recentemente sembra che tutti vogliano, *visitare* Amritapuri. Trascorrere alcuni giorni, settimane o mesi nell'ashram di Amma è un modo magnifico per trarre ispirazione e rafforzare il proprio legame con Amma. Venite, restate alcune settimane o alcuni mesi, ricaricate le vostre batterie spirituali, e poi portate Amma e l'ashram a casa con voi.

Capitolo Cinque

La purificazione attraverso il karma yoga

"Il servizio disinteressato è il sapone
che purifica la mente."

—Amma

Una impurità è un elemento estraneo introdotto in qualcosa che altrimenti è omogeneo. Sia a livello fisico che a livello mentale, gli esseri umani non possono accettare l'impurità. Sul piano fisico, se il corpo sviluppa un'imperfezione, la mano si muove naturalmente verso quel punto cercando ripetutamente di rimuoverla. E lo stesso accade a livello mentale. L'impurità mentale si presenta soprattutto sotto forma di desiderio, con le nostre simpatie e antipatie. Nel suo stato incontaminato, la mente è come la chiara e immobile superficie di un lago: un velo pressoché trasparente attraverso cui può essere chiaramente sperimentata la beatitudine del Sé. I desideri sono come pietre cadute in questo lago. Più intenso è il desiderio – più grande la pietra – più intensa è la turbolenza mentale. Un modo per acquietarla è soddisfare il desiderio. La maggior parte delle persone vive così, inseguendo eternamente il piacere e sfuggendo quello che detestano, senza mai comprendere che la vera motivazione psicologica che stimola le loro azioni è semplicemente la ricerca della pace.

Purtroppo, come dice Amma, è impossibile sradicare definitivamente un desiderio soddisfacendolo. Quando, appagandolo, rimuoviamo l'impurità del desiderio, questo si acquieta solo temporaneamente e presto o tardi torna con maggiore intensità, creando uno stato mentale ancora più disturbato. È un ciclo senza fine. Amma paragona il fenomeno al grattare una ferita pruriginosa: inizialmente si può ottenere un certo sollievo, ma presto il prurito ricomincia, ancora più intenso a causa dell'infezione. Possiamo dire che il desiderio è come un tipo prepotente, che insiste continuamente perché gli diamo del denaro. Se cediamo, il giorno dopo tornerà per averne ancora di più. Se all'inizio ci chiede venti dollari, la seconda volta ne vorrà trenta. Anziché accontentarlo, dovremmo scacciarlo. In modo simile, comprendendo il difetto insito nel tentativo di raggiungere una pace durevole attraverso l'*appagamento* del desiderio, le scritture ci dicono, al contrario, di affrontarlo *trascendendolo*.

La sua totale trascendenza avviene solo con *moksa* (liberazione) – il culmine della vita spirituale, quando si ha la certezza assoluta che "Io non sono il corpo, le emozioni o l'intelletto, ma la coscienza beata ed eterna, che è il vero centro del mio essere". Solo questa comprensione può sradicare totalmente il desiderio, perché la causa alla radice del desiderio è l'ignoranza su chi noi siamo. Identificandoci con il corpo, temiamo la vulnerabilità fisica e la morte. Identificandoci con il *prana* (energia) del nostro corpo, temiamo la malattia. Identificandoci con la mente e le sue attrazioni e avversioni, ci arrabbiamo quando le situazioni esterne non corrispondono alle nostre aspettative. E tutto questo solo a causa di una semplice confusione su chi noi siamo. Il corpo, la mente emotiva e l'intelletto sono entità finite e limitate, e se ci identifichiamo con esse è naturale sentirci altrettanto finiti, limitati e incompleti. Per questo, poi, cerchiamo di aggiustare la situazione. Come? Ci guardiamo intorno, vediamo gli oggetti che non possediamo e pensiamo: "Se solo avessi *quello*!". E comincia un circolo vizioso. Nessuna medicina esterna potrà curare una ferita interna, sebbene possa dare un sollievo temporaneo.

Benché la trascendenza totale possa aver luogo soltanto attraverso una corretta comprensione della nostra vera natura, questa realizzazione è un processo molto sottile e, come tale, non può verificarsi in una mente perennemente turbata dai desideri. Sembra una situazione senza via d'uscita, è come se i santi e i saggi ci dicessero: "Non potrete mai trascendere il desiderio senza una mente tranquilla". E quando chiediamo come raggiungerla, ci rispondessero: "Trascendete i vostri desideri". C'è qualche speranza per noi? È qui che entra in gioco il *karma yoga*. Attraverso il karma yoga possiamo superare in grande misura le nostre preferenze e avversioni, rendendo la nostra mente più idonea al sottile processo della realizzazione del Sé. Questo è lo scopo ultimo del karma yoga. Tuttavia, come vedremo, il beneficio del karma yoga non consiste solo nell'essere un trampolino di lancio per la realizzazione del Sé, ma anche nell'offrire alcuni benefici immediati.

Karma yoga significa 'yoga dell'azione'[1]. È un metodo per compiere le nostre azioni considerandole un mezzo per realizzare la nostra unità con l'*ātma*, il Sé. Tuttavia, nella Bhagavad Gita, Krishna si riferisce spesso al karma yoga come a *buddhi yoga*, cioè lo yoga dell'intelletto, poiché esso non si basa su un'azione specifica ma su uno specifico atteggiamento mentale. Qualunque azione, quando compiuta con l'atteggiamento giusto, è karma yoga: dalla passeggiata col proprio cane, alla *puja* tradizionale, fino alla progettazione di un ponte. Viceversa, perfino il rituale vedico più elaborato o il servizio altruistico restano semplici azioni, se non sono realizzate con l'attitudine del karma yoga.

Due membri di un partito di opposizione salirono su un aereo per un breve volo verso la capitale. Uno prese posto vicino al finestrino e l'altro sul sedile centrale. Appena prima della partenza, a bordo salì anche un membro del partito di governo, che si accomodò nel sedile laterale. Dopo il decollo, questi si sfilò le scarpe, si sgranchì le dita dei piedi, e proprio mentre si stava sistemando comodamente, il membro del partito di opposizione

---

[1] *Yoga* deriva dalla radice *yuj* – unire; *karma* significa 'azione'.

seduto vicino al finestrino disse: "Penso che mi alzerò per prendere una coca cola".

"Nessun problema", rispose il membro del partito di governo. "Andrò io a prendergliela, come servizio alla nazione". Non appena questi si fu alzato, il membro del partito di opposizione prese rapidamente la scarpa destra dell'uomo e ci sputò dentro".

Quando il membro del partito di governo ritornò con la coca cola, il rappresentante dell'opposizione disse: "Caspita, sembra buona. Penso che ne prenderò una anch'io". E di nuovo il membro del partito di governo andò cortesemente a prendergliela in nome della nazione. E, ovviamente, non appena si alzò, anche l'altra scarpa fu prontamente presa e sputacchiata. Dopo che fu di ritorno con la bevanda, i tre uomini inclinarono i loro sedili e si godettero il breve volo.

Quando questo stava per terminare, il membro del partito di governo si infilò di nuovo le scarpe e subito capì quello che era successo. Con una sfumatura di tristezza nella voce, disse: "Quanto a lungo andrà ancora avanti tutto questo? Questa guerra tra i nostri partiti? Questo odio? Questa animosità che ci fa sputare nelle scarpe e urinare nella coca cola?"

Questa barzelletta dimostra che finché non abbiamo una conoscenza complessiva della situazione, la nostra comprensione di un'azione è molto limitata. Allo stesso modo, soltanto quando conosciamo l'attitudine mentale e la vera motivazione con cui è stata compiuta un'azione, possiamo stabilire se si è trattato di karma yoga oppure no.

Come Amma ci ricorda sempre, i risultati dipendono da un vasto intreccio di fattori e le nostre azioni non ne sono che una parte. Accettando questa realtà, il karma yogi si concentra sull'azione e accetta con serenità qualunque risultato. È questa attitudine che Krishna consiglia di adottare quando dice ad Arjuna:

karmaṇyevādhikāraste mā phaleṣu kadācana |

"Cerca di compiere il tuo dovere, ma non pretenderne i frutti".

Bhagavad Gita, 2.47

Se riflettiamo su questa affermazione, vedremo che ha una logica inattaccabile. Vivere in conformità a essa non é tanto una forma mentale spirituale, quanto una attitudine pratica e intelligente. Facciamo l'esempio di un colloquio di lavoro. Possiamo esercitarci per settimane, trovare un amico che ci faccia le domande più comuni e che affini le nostre risposte. Possiamo decidere il vestito da indossare e il colore della cravatta. Possiamo esercitarci a sorridere allo specchio, a sviluppare una forte stretta di mano, acquistare un paio di scarpe da 300 dollari e avere un taglio di capelli da 100 dollari. Sul piano dell'azione, possiamo pianificare, riflettere e calcolare tutto nei minimi dettagli e avere un controllo più o meno completo. Mentre l'esaminatore ci pone le sue domande, siamo ancora in grado di controllare quello che diciamo. Ma non appena cominciamo a parlare, non abbiamo più alcun controllo: l'azione non è più nelle nostre mani, è diventata dipendente dalla legge di causa ed effetto, così come stabilito dalle forze universali. L'esaminatore può essere di buono o cattivo umore, secondo gli eventi della sua giornata, le nostre risposte possono suscitare nella sua mente ricordi positivi o negativi. Tutto può succedere. Quando lasciamo il suo ufficio, non ha più senso preoccuparsi dei risultati, perché non abbiamo alcun controllo su di essi. Per quanto ci possiamo preoccupare, la percezione che l'esaminatore ha avuto di noi non cambierà.

Quando comprendiamo che abbiamo il controllo delle nostre azioni ma non dei risultati, smettiamo di tormentarci e spostiamo la nostra attenzione sulla perfezione nell'azione. Una tale persona è un karma yogi. Lui, o lei, si muove relativamente imperturbato nella vita, dimorando tranquillamente nel momento presente.

Attitudine al karma yoga

Uno degli aspetti più belli del karma yoga è che lo si può applicare secondo diverse e sottili variazioni. Fin tanto che rispettiamo l'essenza del concetto 'Fai del tuo meglio e accetta il resto', possiamo modificare il concetto per adattarlo alla nostra mentalità. Un atteggiamento diffuso è di considerare Dio o il guru come maestro e noi come suoi servitori. Ma non è neppure necessario credere in Dio per compiere il karma yoga, perché se si accettano le leggi fondamentali dell'azione – cioè che noi abbiamo il controllo delle nostre azioni ma non dei risultati – anche un ateo può compiere il karma yoga. Come Amma dice: "Non importa credere in Dio se si serve correttamente la società". Quando sposteremo la nostra attenzione dai risultati all'azione, riceveremo i benefici associati al karma yoga. All'interno di questi parametri, abbiamo la libertà di scegliere la nostra idea.

Possiamo vedere che nella sua infanzia, Amma svolgeva tutte le faccende domestiche dedicandole a Krishna[2]. In questo modo, lei assolveva tutti i suoi compiti – scopare, lavare, cucinare, accudire alle mucche, ecc. – con tenero amore, cura e devozione. Ricordo un fatto accaduto alcuni anni fa, quando Amma stava aiutando un nuovo *brahmachāri* (discepolo studente) a sviluppare questa attitudine. Un giorno, durante il *darshan*, il brahmachāri parlò ad Amma di tutti i vari *seva* nei quali era impegnato in quel momento. Poiché Amma non lo aveva espressamente incaricato di compierli, voleva accertarsi che lei volesse veramente questo. Amma rispose in modo affermativo e poi, per sottolineare il concetto, disse: "Sono stata io a dirti di fare tutte quelle cose". Dopo quel darshan, egli fu in grado di vedere tutti i suoi compiti come

---

[2] Amma dice di aver avuto fin dalla nascita la piena comprensione della sua vera natura, perciò il motivo delle sue pratiche spirituali – il karma yoga, la meditazione o la contemplazione – era, e continua a essere, solo quello di costituire un esempio per gli altri.

provenienti direttamente da Amma e di applicare così la giusta attitudine al suo lavoro.

La Bhagavad Gita evidenzia l'attitudine del karma yoga di vedere tutte le nostre azioni come *yajña*, un'offerta a Dio, come espressione di gratitudine per tutto quello che ci ha elargito nella vita. Se ci pensiamo, Dio ci ha dato molto, ma noi normalmente diamo tutto per scontato.

C'era una volta un uomo che nel giorno di paga era solito donare cinque dollari a un certo mendicante. La cosa andò avanti per diversi anni. Poi, un bel giorno, l'uomo iniziò a offrire al mendicante solo tre dollari. Dopo un paio di mesi, il mendicante disse: "Senti, per anni di fila mi hai dato cinque dollari e adesso all'improvviso solo tre. Mi dici perché?".

L'uomo ripose: "Beh, sai, ho un figlio adesso e sono un po' a corto di denaro".

Il mendicante reagì immediatamente: "Che cosa? Vuoi dirmi che stai mantenendo tuo figlio con i miei soldi?".

Il nostro corpo, la famiglia, la casa, la mente, gli organi di senso e perfino l'intero universo, sono tutti doni con cui Dio ci ha benedetto. Compiere le nostre azioni come yajña, riconosce questa verità.

Un devoto mi ha raccontato il seguente episodio che aiuta a illustrare questo punto. Egli era stato da poco sottoposto a un'operazione e aveva trascorso una settimana all'ospedale. Quando fu dimesso, lesse la fatturazione dettagliata del suo conto. Una delle voci era rappresentata dall'ossigeno – 1500 dollari. Mi disse: "Swamiji, non avevo mai saputo che l'aria fosse così cara! Ho respirato aria 24 ore al giorno per 60 anni e Dio non mi ha ancora mandato il conto!". La sua osservazione è corretta. Viviamo su questa terra per tutta una vita, eppure Dio non ci manda mai il conto dell'affitto. In realtà, tutti i cinque elementi – spazio, aria, fuoco acqua, terra – sono di Dio. Perciò, in questo secondo aspetto del karma yoga, noi riconosciamo questa realtà e compiamo le nostre azioni come un piccolo pegno di gratitudine per tutto quello che Dio ci dà.

Tradizionalmente, uno yajña è una forma di adorazione in cui si fanno varie offerte al Signore, versandole nel fuoco o ponendole ai piedi di un idolo o di un'immagine. Quando lo yajña è terminato, una parte di quello che è stato offerto viene ricevuta come *prasād* (offerta consacrata). Con una tale attitudine, arriviamo a vedere ogni nostra azione come uno yajña e di conseguenza ogni risultato delle nostre azioni come un prasād di Dio. In verità, dice Amma, la vera adorazione di Dio non si limita a stare seduti nella stanza della pūja offrendo fiori a un quadro o a una statuetta per 20 minuti al giorno. Tutta la nostra vita deve diventare un'adorazione. Il culto che si svolge nella stanza della pūja è un simbolo di come la nostra vita dovrebbe diventare. Nella pūja, tutto è in scala ridotta. Il Signore, onnipresente e onnipotente, è ridimensionato a un piccolo idolo, l'offerta di ogni nostra azione è simboleggiata dall'offerta dei fiori, una vita intera di venerazione è rappresentata dalla nostra azione di pochi minuti, piena di concentrazione e devozione. Come dice Amma: "Il vostro cuore è il vero tempio. È là che dovete installare Dio. I buoni pensieri sono i fiori che Gli offriamo, le buone azioni sono il culto, le buone parole sono gli inni sacri, l'amore è l'offerta divina". Quando vediamo tutto quello che riceviamo nella vita come prasād di Dio, non c'è più spazio per stress, paura, agitazione, ecc., riguardo ai risultati. Se siamo capaci di vedere tutto come prasād di Dio, non saremo mai depressi per ciò che ci arriva nella vita. Otterremo la pace accettando l'idea che ciò che abbiamo ricevuto è stato un dono prezioso di Dio, così come quello che stiamo ricevendo ora e quello che riceveremo in futuro.

Un atteggiamento adatto ai ricercatori spirituali che hanno una predisposizione intellettuale è capire semplicemente la necessità di trascendere le preferenze e le avversioni nel grande schema della realizzazione del Sé. Accettando razionalmente la logica che sta alla base di questo, il ricercatore sposta la sua attenzione dai risultati all'azione, allo scopo di purificare la sua mente dai desideri.

Un altro aspetto che Amma menziona spesso è di non considerarci gli autori delle azioni, ma lo strumento attraverso cui le azioni vengono compiute. Amma dice: "Quando agiamo, dovremmo cercare di vedere noi stessi come uno strumento nelle mani di Dio, come la penna nella mano dello scrittore o il pennello in quella del pittore. La nostra preghiera dovrebbe essere: 'O Signore, fammi diventare uno strumento sempre più puro nelle tue mani'". Uno strumento non ha opinioni e desideri personali, esegue solo quello che desidera chi lo usa. Se chi ci utilizza è Dio, allora il nostro solo desiderio sarà di vivere secondo il *dharma*, compiendo le azioni prescritte dal nostro guru e dalle scritture ed evitando quelle da loro proibite.

Qualunque sia il nostro atteggiamento, se siamo sinceri otterremo subito un certo grado di equanimità mentale. Ecco perché, mentre insegna il karma yoga ad Arjuna, Krishna dice: *samatvam yoga ucyate*[3] – '(Karma) yoga è equanimità'. Grazie a questa attitudine, la mente del karma yogi non insegue più gli oggetti dei sensi né li rifugge. Questo lo mette in una posizione migliore per vedere la vita più chiaramente, riflettere, valutare e analizzare razionalmente le sue esperienze di vita. Quando questo accade, certe verità diventano evidenti per lui. Ovunque guardi, comunque agisca, ovunque vada, tali verità gli saranno chiare e questa esperienza avrà un impatto profondo e irreversibile sul suo modo di pensare.

La natura degli oggetti

Quali sono queste nude verità? Cominceremo col vedere che tutte le conquiste di questo mondo sono mescolate al dolore – nell'ottenerle, nel mantenerle e, naturalmente, nel perderle. In

---

[3] Bhagavad Gita, 2.48

secondo luogo vedremo che tutti gli oggetti hanno il potenziale di renderci dipendenti da essi. Alla fine arriveremo a capire che nessun oggetto dà vero appagamento. Ogni tentativo di trovare la felicità negli oggetti esterni si scontra con questi tre difetti. Per ottenere qualunque cosa è necessario un certo grado di fatica. Più alto è l'obiettivo, maggiore sarà la difficoltà. Prendiamo per esempio che vogliate essere eletto presidente di un paese. Oltre al gran lavoro necessario solo per ottenere la candidatura, dovrete viaggiare, fare discorsi, essere paziente e cortese con tutti. In certi luoghi potrebbe essere necessario dover sostenere dibattiti, stringere mani e anche baciare bambini. Dovrete inoltre fare attenzione a ogni vostra parola e azione, perché al minimo errore la stampa e gli altri candidati saranno pronti a farvi a pezzi. Recentemente, un uomo impegnato in politica mi ha detto che, durante la campagna elettorale, molti candidati devono perfino ricorrere a dei farmaci per stare al passo con l'estenuante programma! Dunque, per arrivare, certamente vi sono fatica e dolore. Poi, se sarete abbastanza fortunati da essere eletti, dovrete ancora essere più abili: guerre, problemi economici, conflitti, bilancio... Tutte le vostre decisioni saranno analizzate e valutate, mentre l'opposizione sarà sempre pronta a mettervi sotto accusa. Se non vi sarà venuta l'ulcera durante le elezioni, di sicuro vi verrà per la fatica di restare in carica. Quindi c'è sofferenza anche nel mantenimento di qualcosa. E infine, al termine del mandato, quando dovrete lasciare la vostra carica, nonostante tutta la fatica, sarete depressi. Non è necessario essere un ministro o un presidente, molte persone trovano difficile abbandonare il lavoro quando arriva il momento della pensione. Sentono la mancanza dello scopo che il lavoro garantiva loro. Così, certamente, c'è dolore anche nella perdita.

La seconda verità da comprendere grazie al nostro accresciuto livello di introspezione reso possibile dal karma yoga, è che nulla di quanto otteniamo ci rende veramente contenti. Non é forse vero che, non appena riceviamo un aumento di stipendio, cominciamo subito a pensare al prossimo? All'inizio eravamo soddisfatti di un registratore, poi di un lettore CD, poi un lettore mp3. Poi è arrivato l'iPod... l'iPod Touch...poi l'iPhone! Di sicuro, quando questo libro sarà stato pubblicato, ci sarà qualche altra novità. Non c'è nulla di male nella tecnologia e nel progresso scientifico. Il punto è che noi pensiamo sempre che l'appagamento sia proprio dietro l'angolo, dopo aver preso un caffè, un aumento di stipendio, una moglie, un figlio, la casa dei sogni, la pensione... Ma tutto questo è un'illusione. Nessun oggetto può procurarci la felicità eterna.

Una volta ho letto un saggio nel quale l'autore descriveva come aveva superato la sua ossessione per le automobili. Egli raccontava come, dopo aver comprato una certa vettura, l'aveva ridipinta e poi lucidata scrupolosamente a mano fino a farla brillare. Quindi, aveva ripetuto tutto il procedimento: la vettura aveva un aspetto ancora migliore. Lo fece di nuovo e notò un indubbio progresso. Decise di dare una terza mano... una quarta... una quinta... una sesta... *Trentadue* mani di colore dopo, l'uomo finalmente comprese che stava scivolando lungo una brutta china. Avrebbe potuto non esserci una fine. A ogni nuova mano di colore, l'auto splendeva di più al sole. Si domandò: "Se con 32 mani di colore l'auto è così bella, come sarebbe dopo altre 132?". Si accorse che aveva due opzioni: dedicare la sua vita a inseguire l'impossibile o vendere la macchina.

La consapevolezza acquisita con il karma yoga, ci aiuta a capire la futilità di cercare la felicità in acquisizioni e risultati materiali. Alcuni lo comprendono dopo due mani di colore, altri dopo 27, mentre altri ancora continuano ad aggiungere strati su strati fino alla morte, solo per ricominciare nella loro vita successiva.

Infine, il karma yoga ci aiuta a vedere che possiamo facilmente divenire dipendenti da qualunque oggetto, sia esso il caffè, la televisione, Internet, i telefoni cellulari o la pizza... È proprio come dice il proverbio: "All'inizio io ho posseduto lui, poi lui ha posseduto me".

Una volta, un guru stava insegnando a un discepolo la natura della proprietà. Disse: "Tu puoi pensare di possedere un certo oggetto o una certa persona. Ma, nello stesso tempo, anche quell'oggetto o quella persona possiedono te". Lì vicino c'era un mandriano che teneva un vitello con una corda. Il guru si avvicinò e liberò l'animale che scappò immediatamente. Scioccato, il mandriano gli corse dietro. Il guru disse: "Visto? Chi è legato da chi? Il vitello era legato al mandriano da una corda, ma questi è legato al vitello dal suo attaccamento".

Naturalmente, gli esempi più gravi in questo senso sono la droga e l'alcol. Quando le persone iniziano a bere, invariabilmente finiscono col perdere la loro capacità di essere felici senza l'alcol. Ma anche le relazioni personali possono diventare così. Quante volte, dopo la fine di un rapporto, abbiamo sentito qualcuno dire: "Non posso proprio vivere senza di lei!".

Una volta che vediamo questi difetti insiti nel tentativo di ottenere la felicità perfetta attraverso gli oggetti del mondo, questi cominciano spontaneamente a perdere lustro. Nel Vedānta tale comprensione è chiamata *vairāgya* (distacco), e come abbiamo già detto nel terzo capitolo, è una qualità fondamentale per chi spera di raggiungere la realizzazione del Sé. Come possiamo meditare, studiare le scritture e impegnarci nella contemplazione se la nostra mente è infatuata dalle cose del mondo? Inoltre, finché non si ha distacco dagli oggetti esteriori non si comincia mai a cercare la vera sorgente della felicità. Solo quando si è nauseati dall'effimero si inizia un'adeguata ricerca dell'eterno.

Il risveglio di questa conoscenza e il suo effetto sulla personalità è ben illustrato in un *bhajan* scritto da Amma, chiamato "Īśvārī Jagad-Īśvarī":

Ho visto che questa vita di piaceri mondani
è piena di miseria.
Non farmi soffrire rendendomi una falena
che cade nel fuoco...

Quello che vediamo oggi, domani non ci sarà più .
Incarnazione della Coscienza, oh, i Tuoi giochi divini!
Non c'è distruzione per quello che realmente esiste.
Non esiste realmente quello che può essere distrutto.
Ti prego, sii gentile
e mostrami il sentiero verso la liberazione, o Eterno!

Come aspiranti spirituali, il nostro vairāgya deve essere intenso. Per chiarire questo punto, un santo del 13° secolo di nome Jñāneśvar, nel suo commentario sulla Bhagavad Gita, ha scritto che dovremmo sviluppare per i piaceri dei sensi lo stesso distacco che avremmo nel dover usare un pitone come cuscino, nell'entrare nella tana di una tigre o nel gettarci in una fornace. (In verità, questi sono i più delicati tra i suoi esempi!) Il concetto è che, in questo stadio della vita spirituale, si dovrebbero considerare i piaceri dei sensi non solo privi di valore, ma un pericolo mortale.

Secondo le scritture, il corretto vairāgya si manifesterà solo quando saremo capaci di estendere ciò che abbiamo appreso sui difetti degli oggetti materiali che *abbiamo* sperimentato a tutti gli oggetti dei sensi, anche quelli di cui *non* abbiamo fatto l'esperienza. Non occorre mangiare un sacco di peperoncini per imparare che tutti i peperoncini sono piccanti!

Una volta, un principe fu incoronato re. Subito dopo l'incoronazione, egli nominò suo ministro un amico di lunga data, molto intelligente. La prima consegna del re fu di compilare un almanacco che analizzasse tutta la storia conosciuta. Il ministro si mise subito al lavoro. Dieci anni dopo, ritornò con un'opera in 50 volumi che esponeva dettagliatamente tutti gli intrecci e commentava gli eventi conosciuti verificatisi dall'alba del genere umano. In quel momento il re si trovava nel suo giardino, godendosi una serenata che i migliori musicisti del regno suonavano per lui e la regina. Gettò un'occhiata ai 50 volumi, rabbrividì e disse: "È troppo. Puoi gentilmente provare a ridurli?".

Il ministro accettò e prese congedo dal sovrano. Dieci anni dopo, tornò con un'opera in dieci volumi. Ma il re era nuovamente molto occupato perché un'epidemia aveva colpito recentemente il paese, ed egli era completamente impegnato a risolvere la situazione. "Oh, sono così occupato!", disse al ministro. "Ed è ancora troppo lungo. Non puoi ridurlo ulteriormente?".

Ancora una volta il ministro acconsentì e si allontanò. Cinque anni dopo, tornò di nuovo. Questa volta aveva un solo volume con sé. "Ecco qua", disse, "un solo volume che contiene la struttura di base della storia umana". Ma c'era stato uno scontro tra due diversi gruppi di sudditi, e il re era impegnato a soffocare la rivolta. Guardò il grosso libro, poi il suo amico e alla fine disse: "Ti chiedo scusa, ma è ancora troppo lungo, non ho proprio tempo. Per favore, cerca di ridurlo ancora".

Un anno dopo, il ministro completò il suo compito, riuscendo in qualche modo a limitare la storia a un solo capitolo. Tuttavia, quando arrivò a palazzo, vide che il sovrano si stava preparando a una battaglia, poiché un regno vicino aveva cominciato a invadere il suo territorio. "Non ho tempo", disse il re mentre galoppava via. "Cerca di accorciarlo ancora!".

Una settimana dopo, il ministro si fece largo verso l'accampamento del re, a circa due chilometri dalla prima linea, e qui lo trovò a letto, moribondo per una ferita mortale. Il ministro abbassò lo sguardo verso il suo amico morente, vulnerabile e stremato, e disse: "Ce l'ho fatta, mio signore. L'ho ridotto a una sola pagina".

Il re alzò gli occhi verso il suo ministro e disse: "Mi dispiace, caro amico, ma potrei esalare l'ultimo respiro in ogni momento. Per favore, rapidamente, prima che io muoia, dammi l'essenza di quello che hai appreso in tutti questi anni di studio".

Il ministro annuì e con le lacrime agli occhi disse: "Il popolo soffre".

La storia testimonia questa verità. Nessuno ha mai ottenuto niente senza passare attraverso il dolore della lotta. Nessun oggetto dei sensi ha mai dato un appagamento duraturo. E nessuno ha mai tratto felicità da un qualunque oggetto senza esporsi al potenziale pericolo di diventarne dipendente. Qualcuno di noi impara rapidamente queste lezioni, altri hanno bisogno di vite intere. Molte persone pensano di ottenere soddisfazione nello studio, ma non funziona. Quindi la cercano nella carriera, ma senza successo. Poi provano a raggiungere la felicità col matrimonio e naturalmente anche questo non funziona. Dopo di che restano dell'opinione di non avere trovato il coniuge *giusto* e si risposano una seconda ... una terza ... una quarta volta. In questa ricerca, alcuni si spostano tra le diverse nazionalità – coniuge americano, coniuge indiano, coniuge tedesco, coniuge giapponese... I santi e i saggi ci dicono: "Sposatevi, se volete, ma non cercate in questo la felicità. Non c'è nulla nei tre mondi che possa darvela! Per trovarla, dovete guardarvi dentro".

Come già brevemente accennato nel capitolo precedente, superare le nostre preferenze e avversioni non equivale a sopprimerle. I santi e i saggi sanno che la repressione non funziona mai e alla fine si risolve sempre in un fallimento. Dobbiamo arrivare a trascenderle solo attraverso la giusta comprensione, altrimenti conosciuta come sublimazione.

Una volta, un novizio aspirante spirituale avvicinò il suo guru e gli confessò di pensare alle donne. Ogni volta che sedeva per meditare, immagini di modelle e attrici del cinema cominciavano a danzare nella sua testa. Era veramente sconvolto. Il guru ascoltò tranquillamente il discepolo che si lamentava della sua situazione, ma non disse una parola. Il giorno seguente, lo mandò a chiamare e gli mise in mano un oggetto piccolo e leggero, avvolto in un foglio di giornale. Poi gli chiese di portarlo nella sua stanza, di aprirlo e di metterlo alla sinistra della divinità posta al centro dell'altare. Il discepolo si congedò dal guru e seguì le sue istruzioni. Ma quando scartò l'oggetto, vide che si trattava della foto di una donna bellissima e seducente! Ne fu scioccato. Corse subito dal guru e disse: "Ma come? Io ti apro il mio cuore e ti confido un problema molto serio e come risposta ti prendi gioco di me dandomi questa foto! Che significa?". Il guru non rispose. Semplicemente chiuse gli occhi in meditazione. Il discepolo era irritato, ma alla fine si calmò. Dopo un poco pensò: "Beh, il mio guru è un maestro illuminato, non mi indurrebbe in errore. Forse c'è qualcosa di buono in questo". Quindi pose la foto sull'altare, accanto all'immagine della sua divinità.

A quel punto, quando il discepolo sedeva per le sue meditazioni quotidiane, c'erano due 'dèi' davanti a lui, il Signore Infinito e la sua attricetta. Molto spesso si ritrovava a meditare sulla donna. Immaginava di viaggiare con lei, di scherzare con lei, di aprirle il suo cuore e di sposarla. Ogni giorno era una nuova avventura ed egli aspettava con ansia sempre più crescente l'ora della meditazione.

Ma un bel giorno, mentre nella sua mente lui e la sua nuova moglie stavano passeggiando sulla spiaggia, l'attenzione di lei fu improvvisamente catturata da un attraente straniero! E in breve, i due scapparono insieme, lasciando il nostro giovane discepolo tutto solo. Egli cercò di contattarla, ma lei non rispondeva alle sue chiamate. Il poveretto era distrutto. Alla fine, lei si fece viva... con una citazione per il divorzio! Egli immaginò il procedimento legale, col quale la donna gli portava via tutto quello che aveva. Ora egli era senza soldi, emotivamente a pezzi e solo.

Il discepolo aprì gli occhi e tornò alla realtà: davanti a lui le due immagini affiancate sull'altare lo guardavano fisso. Vedendo fianco a fianco le due figure, comprese la perfezione e l'altruismo dell'amore divino e l'egoismo dell'amore mondano. Realizzando che, nel dargli la foto, il maestro non si era preso gioco di lui ma aveva effettivamente agito al livello più profondo di compassione, corse da lui e si prostrò ai suoi piedi.

Il guru non voleva che il discepolo *reprimesse* i suoi pensieri sulle donne, ma che li *trascendesse* con la comprensione della natura dell'amore mondano. Avendo posto vicine le due immagini, aveva portato il discepolo a fare un paragone e, alla fine, a distaccarsi dalle donne.

In verità, il discepolo di questa storia era di alto livello, capace di sviluppare il distacco grazie alla sola contemplazione. Non aveva avuto bisogno di cedere al suo desiderio. Molti altri, però, non sono come lui. Quando i desideri si presentano, si dovrebbe cercare di annullarli usando il potere del pensiero discriminante, ma se continuano a molestarci, forse sarebbe meglio concedere loro attenzione. Finché sono in armonia con il dharma, non c'è nulla di sbagliato in questo. Ma quando si indulge nei desideri, si dovrebbe mantenere la consapevolezza, cercare di vedere i limiti dell'oggetto desiderato e, in tal modo, acquisire la forza mentale necessaria a trascenderlo. Quando la nostra comprensione è chiara, la nostra infatuazione per gli agi e i piaceri del mondo finisce spontaneamente. Come dice Amma: "Non ci si bagna in un fiume per restarci, ma per uscirne freschi e puliti".

Su questo tema, c'è un verso della Mundaka Upanisad che recita:

parīkṣya lokān karma-citān
brāhmaṇo nirvedamāyāstyakṛtaḥ kṛtena |

"Dopo aver esaminato e visto tutto quello che può essere acquisito con l'azione e comprendendo la verità che nulla di eterno può essere ottenuto con essa, una persona saggia rinuncia all'azione[4]".

Mundaka 1,2,12

Perciò, finché non avremo chiarezza, i santi ci dicono di sperimentare il mondo. Uscite e osservate i piaceri e gli agi del mondo, vedete cosa ha da offrirvi. Fatene personalmente l'esperienza. Ma quando vedrete i difetti del perseguire la felicità del mondo, capirete che tutto là fuori ha gli stessi limiti. Non c'è bisogno di esaminarli tutti! E allora smetterete di agire per ottenere la felicità

---

[4] Qui, 'azione' indica le azioni egoistiche, non quelle altruistiche compiute per purificare la mente come parte del sentiero spirituale.

e cercherete di realizzare il Sé, la vera sorgente di ogni beatitudine. In seguito, continueremo ad agire (dobbiamo pur mangiare, non è vero?) ma nella nostra mente troncheremo la connessione tra azione e felicità, e ci volgeremo dalle azioni egoistiche a quelle disinteressate.

I benefici del karma yoga

Il primo scopo del karma yoga è il distacco dalle conquiste e dagli oggetti del mondo, alimentando il fuoco della nostra ricerca del Sé. Ma come già accennato nell'introduzione di questo capitolo, il karma yoga offre dei benefici propri. È un'attitudine vantaggiosa da adottare anche per una persona cosiddetta 'non spirituale'.

Il primo beneficio del karma yoga è che ci aiuta a compiere effettivamente meglio le nostre azioni. Prendiamo l'esempio del colloquio di lavoro con cui abbiamo iniziato il capitolo. Comprendendo di avere il controllo dell'azione ma non dei risultati, la concentrazione del karma yogi non è discontinua, ma focalizzata sull'azione al cento per cento – in questo caso, sull'ascoltare, sul riflettere e sul rispondere alle domande. È evidente che una persona con un'attenzione totale avrà un rendimento superiore rispetto a chi ha un'attenzione instabile. Preoccupandosi di come la sua prima risposta sia stata valutata dall'esaminatore, una persona non dedita al karma yoga non sarà in grado di concentrarsi adeguatamente sulla seconda domanda.

Questo concetto trova la migliore applicazione nello sport. Nel 2000, uno psicologo dello sport di nome H.A.Dorfman ha scritto un libro intitolato *L'ABC mentale del lancio: un manuale per migliorare la prestazione,* che è stato letto e lodato dai lanciatori professionisti di baseball. Dorfman scrive che, quando si sta lanciando, si dovrebbe pensare solo a tre cose: la scelta del lancio, la posizione e il guantone del ricevitore, e il bersaglio[5]. Se

---

[5] Nel cricket, sarebbe scelta della palla, linea e lunghezza e paletti.

l'atleta è colto da altri pensieri, deve fermarsi e fare una pausa.

Dorfman conclude che un lanciatore non deve giudicare la sua prestazione dal livello più o meno alto con cui i battitori hanno risposto ai suoi lanci, ma piuttosto dal fatto che abbia effettuato oppure no i lanci che voleva fare.

Perché le persone crollano nello sport? Perché sono concentrate sulla possibilità di perdere. La maggior parte di noi ricorda senz'altro qualche situazione dell'infanzia in cui l'ultimo momento cruciale di un gioco dipendeva solo da noi e, presi dal panico, lo abbiamo sprecato. Il basket offre uno degli esempi migliori. Se un giocatore subisce un fallo, spesso ha l'occasione di fare due tiri liberi. Per un giocatore professionista, un tiro libero è relativamente facile. Deve fare due lanci da quattro metri e mezzo, davanti al canestro, senza alcun difensore. Secondo la NBA (Associazione Nazionale Basket) la percentuale media di successo è del 75 per cento circa. Ma che cosa succede in situazioni di alta tensione? Ad esempio negli ultimi due minuti di gioco di una partita in cui nessuna delle due squadre sia a più di tre punti dall'altra? La pressione è molto più sentita. Perché? Si tratta esattamente dello stesso tiro, non ci dovrebbe essere alcuna differenza. Ma se permettiamo alla mente di concentrarsi sull'importanza di fare canestro, anziché sul tiro in sé, la nostra prestazione ne risentirà. Secondo le statistiche, la media NBA (2003 – 2006) precipita al 2.3 per cento in situazioni 'critiche', come specificato sopra. In breve, rendiamo meglio quando ci focalizziamo sull'azione, non sul risultato.

Questo non significa che non dovremmo fare attenzione ai risultati. Quando questi arrivano, vanno valutati con calma e logica. Sulla base della nostra valutazione – cosa è andato bene e cosa è andato male – la prossima volta potremo regolare di conseguenza le nostre azioni.

Un altro beneficio del karma yoga è che ci aiuta davvero a godere la vita. Siamo sempre, più o meno, impegnati nell'azione, tuttavia i risultati eccellenti di quelle azioni arrivano solo occasionalmente. Se ci concentriamo sull'azione, possiamo gioire dell'azione in sé – la pace e la gioia di una mente immersa nel suo lavoro. Prendiamo ad esempio il lavaggio dei piatti. Se la nostra mente è focalizzata sull'avere di nuovo tutti i piatti puliti e asciutti nella credenza, saremo felici solo quando il piatto tornerà pulito e asciutto al suo posto. Ma se ci focalizziamo sull'azione, ci godremo tutta la durata del lavoro. Sono certo che questo è qualcosa che tutti hanno notato. Se ci concentriamo sul finire un lavoro, è solo un compito di routine, ma se ci abbandoniamo al momento, diventa un'esperienza beata, si tratti di lavare piatti, scavare una fossa o stirare i panni.

In tal senso, vale la pena notare che anche per gioire degli oggetti dei sensi che la vita ci offre, abbiamo bisogno di coltivare almeno un po' di controllo sui nostri desideri. Altrimenti, mentre cerchiamo di goderne uno, un nuovo desiderio può distogliere la nostra attenzione e in qualche modo sottrarre intensità alla nostra soddisfazione. Supponiamo che vi stiate godendo una festa di matrimonio. Tutti i vostri piatti preferiti sono lì per voi: *riso, sāmbar (*un piatto di lenticchie e verdure, ndt)*, dāl* (lenticchie, ndt), diversi tipi di curry, vari sottaceti, banane fritte, budini, etc. Cominciate a mangiare e immediatamente siete trasportati nel paradiso dei sensi! Ma subito vi accorgete di aver finito il curry di ceci. Continuate a mangiare, ma la vostra mente ora è divisa. Una parte è concentrata nel localizzare il cameriere che sta servendo la seconda porzione di quel piatto. Gradite ancora molto il cibo che avete davanti, ma non con tutto il cuore, come se foste concentrati al cento per cento su di esso.

Quando mi unii all'ashram, all'inizio, eravamo solo una manciata di persone. Eccetto quando dava il darshan, avevamo Amma più o meno tutta per noi. È difficile da immaginare oggi, alla luce delle migliaia e migliaia di persone che vengono per il suo darshan. Potevamo sedere vicino a lei per ore e parlare liberamente senza dover mai prendere in considerazione il desiderio che altri volessero fare la stessa cosa. Mi ricordo che una volta, durante un Devi Bhava, Amma mi chiamò al suo fianco e cominciò a parlarmi di varie cose, rispondendo alle mie domande e dimostrandomi molto affetto. A un certo punto, prese la mia testa nel suo grembo, permettendomi di rimanere in quella posizione mentre continuava a dare il darshan. Penso di essere rimasto così per più di un'ora! Visto dall'esterno, avrei potuto essere in un paradiso migliore? Ma c'era un problema: dopo circa 30 minuti, nel momento in cui un altro brahmachāri iniziò a suonare le *tabla* (tamburi), mi resi conto che quello avrebbe dovuto essere il mio turno! A quel tempo avevo una vera passione per le tabla, stavo giusto imparando a suonare e il mio entusiasmo era alle stelle. Io e l'altro brahmchāri suonavamo a turno (e ci doveva essere anche una *leggera* rivalità tra noi). Con il capo in grembo ad Amma, pensai: "Che tipo arrogante! Lo sa che ora tocca a me suonare! Sarebbe dovuto venire qui e chiedermi il permesso di prendere il mio posto". In breve, nonostante la mia testa fosse adagiata nel posto più tranquillo del mondo, la mia mente era completamente concentrata sull'altro brahmchāri che suonava le tabla! Mentre lo ascoltavo, immaginavo di essere io a suonarle... ma forte sulla sua *testa*! Naturalmente Amma sapeva a cosa stavo pensando, e non appena la sessione di bhajan terminò, mi disse di alzarmi e di lasciare che un'altra persona sedesse vicino a lei. A causa del mio intenso desiderio di suonare le tabla, persi sia l'opportunità di suonare, sia quella di gioire completamente della presenza di Amma. Ora posso dire con certezza che nessun suonatore di tabla potrebbe farmi ingelosire, ma oggi non ho più alcuna possibilità di posare il mio capo in grembo ad Amma per un'ora!

Ecco perché Amma afferma che il vero inferno non è un luogo fisico, ma uno stato della mente. E così pure il paradiso. Una mente davvero purificata dalle sue preferenze e avversioni può essere felice ovunque, si tratti di un inferno o di un paradiso materiale. E in modo analogo, una mente piena di desideri insoddisfatti può essere nell'inferno perfino in un paradiso materiale.

Nella Gita c'è un famoso verso che illustra un ulteriore beneficio del karma yoga:

nehābhikramanāśo'sti pratyavāyo na vidyate |

"Nel karma yoga, nessuno sforzo è mai sprecato, né vi è alcun effetto dannoso".

Bhagavad Gita, 2.40

Il concetto è che, se falliamo in un'azione compiuta con l'attitudine del karma yoga, non ci sarà perdita, perché impareremo dai nostri errori e la mente si sarà purificata. Invece, se falliamo in azioni il cui scopo primario è il risultato, allora la perdita sarà completa. Immaginate uno scrittore che passi degli anni a scrivere e a curare l'edizione di un libro, solo per scoprire che nessuno è interessato a pubblicarlo. Se il suo unico obiettivo era diventare uno scrittore di best sellers, il suo fallimento sarà totale. Si sentirà totalmente frustrato, mentre guarda andare in fumo tutti i suoi anni di fatica. E nella depressione causata dal suo tracollo, non avrà imparato neppure qualcosa. Se invece avesse scritto il libro con l'attitudine del karma yoga, avrebbe appreso molto sulla scrittura, l'editoria, la natura umana e se stesso in generale.

Compiere il lavoro come karma yoga non beneficia solo l'individuo ma anche tutta la società, perché mirando alla perfezione dell'azione, il karma yogi svolge sempre il suo compito al meglio delle proprie capacità. Sfortunatamente, il più delle volte l'atteggiamento prevalente sul posto di lavoro oggi è: "Fai il minimo per ottenere il massimo".

Sull'argomento, qualcuno mi ha elencato una lista di trucchetti per sembrare occupati sul posto di lavoro mentre, in verità, non si sta facendo quasi niente. I miei preferiti sono tre: 1) Non pulite mai la vostra scrivania, perché un tavolo in disordine dà l'impressione che non abbiate neppure un attimo da sprecare in cose insignificanti come la pulizia. 2) Se portate gli occhiali, lasciatene un vecchio paio sulla scrivania, come se doveste tornare subito. Poi andate a casa. 3) Comprate un 'reggicollo', dipingetelo con il colore della vostra pelle, e dormite tranquillamente seduti alla vostra scrivania.

Le persone che sono interessate solo alla paga, cercano costantemente scorciatoie, si gingillano e vanno in giro a bighellonare. Se possibile, arrivano sempre in ritardo, allungano la pausa pranzo e se ne vanno mezz'ora prima. Lo vediamo spesso in molti uffici. Dopo lo tsunami asiatico, è stato proprio l'atteggiamento del karma yoga a fare la differenza tra le opere di soccorso dell'ashram e quelle governative. Alla fine, l'ashram è stata la prima organizzazione in India a completare le case per le vittime, rispettando le norme governative. Mi ricordo che una volta, commentando la rapidità del lavoro svolto dall'ashram, Amma ha detto: "I brahmachāri hanno lavorato giorno e notte. Amma chiamava spesso il brahmachāri responsabile per chiedergli come procedessero i lavori, e a qualunque ora chiamasse – mezzanotte, le due o le quattro del mattino – lui era sempre al lavoro. Sarebbe stato lo stesso con degli operai pagati? No. Essi lavorano solo otto ore al giorno, con tre pause per i pasti e altre due per bere il tè".

Immaginate se l'intero pianeta adottasse l'attitudine del karma yoga riguardo al lavoro. Immaginate un mondo in cui le persone lavorino non solo per ricevere un salario, ma anche perché considerano ogni loro azione un'adorazione. Quanto diventerebbe produttivo ed efficiente il mondo!

Infine, anche se scartiamo l'idea che il karma yoga è una tappa importantissima per trascendere la sofferenza sulla via della realizzazione del Sé, esso ci aiuta a non soffrire prima di raggiungere l'illuminazione. Per comprendere questa affermazione, è utile considerare un altro verso della Gita, nel quale Krishna spiega perché le persone insistano a compiere azioni peccaminose nonostante capiscano che non è saggio farlo:

kāma eṣa krodha eṣa rajoguṇa samudbhavaḥ |
mahā-śano mahā-pāpmā viddhyenam-iha-vairiṇam ||

"Sono il desiderio e la rabbia che sorgono dall'agitazione mentale; sappi che questa è insaziabile, è la radice di ogni peccato e la più grande nemica in questo mondo".

Bhagavad Gita, 3.37

Quando diventano sufficientemente intensi, i desideri possono spingerci ad agire in modo egoistico, anche a discapito della felicità e dell'armonia dei nostri simili. In base alla legge del karma, tali azioni torneranno indietro, presto o tardi, nella forma di esperienze negative. In realtà, tutte le circostanze avverse e le situazioni dolorose che stiamo affrontando ora sono il risultato di qualche azione egoistica fatta in passato, in questa vita o prima. Perché compiamo queste azioni egoistiche? Perché i nostri desideri diventano ingovernabili. Grazie al karma yoga, i nostri desideri vengono, perlomeno, tenuti a freno, perché otteniamo la capacità di seguire sempre il dharma. In questo modo, poniamo il nostro sé su un sentiero lungo il quale, nel futuro, raccoglieremo solo del buon karma.

Da questi esempi possiamo vedere che, applicando l'attitudine del karma yoga nella vita, non solo purifichiamo la mente, dirigendola velocemente verso il processo di realizzazione del Sé, ma ricaviamo anche molti benefici qui e ora: ci aiuta ad amare la vita, a imparare dalla vita e a restituirle la nostra gratitudine più che in passato.

Sebbene tutte le nostre azioni possano (e nel caso di un ricercatore spirituale, debbano) essere compiute con l'attitudine del karma yoga, Amma sottolinea l'importanza di applicare questo atteggiamento nel seva, il servizio disinteressato. Infatti, le azioni possono generalmente essere classificate in tre categorie: *niskāma, sakāma* and *nisiddha,* rispettivamente, azioni altruistiche, azioni nate dalle nostre personali preferenze e avversioni, e azioni proibite perché dannose a noi stessi, alla società e alla Natura. Ovviamente, quando comprendiamo che un'azione è proibita, dobbiamo smettere di ripeterla, altrimenti alla fine avremo sicuramente frutti negativi. Un ricercatore spirituale, però, non deve solo astenersi dalle azioni vietate, ma deve anche gradualmente cercare di diminuire le azioni egoistiche, sostituendole con azioni disinteressate.

Amma raccomanda ai novizi di cominciare con 30 minuti quotidiani di lavoro fatto a beneficio degli altri. Che si tratti di lavoro volontario in qualche posto, o semplicemente di donare una parte del proprio stipendio, questo ci porta nella giusta direzione. Da lì, possiamo cercare gradualmente di aumentare il numero di azioni disinteressate che compiamo, quando possibile. In questo modo, 30 minuti possono segnare l'inizio di una graduale trasformazione. Alla fine, molte persone scoprono di aver sviluppato una propensione per questo servizio e poi, quando sono in pensione, anziché godersi il frutto del lavoro di una vita, continuano a impegnarsi ad aiutare gli altri. I nostri desideri egoistici sono gradualmente sostituiti dal desiderio di purificare la mente o di aiutare il mondo. Contrariamente ai desideri egoistici, questi desideri sono degli strumenti per la liberazione. Non sono ostacoli per un ricercatore spirituale, ma elementi preziosi da inseguire e coltivare. Questi sono i desideri che ci aiutano a superare tutti gli altri desideri.

⋐⋙❦⋘⋑

Capitolo Sei

Espandere la nostra visione

"Dobbiamo cercare di vedere tutti come Dio".

—Amma

Nell'ambito del karma yoga, le scritture parlano di cinque forme di adorazione che ognuno dovrebbe compiere per tutta la vita e che sono chiamate *pañca mahayajñas* – le cinque grandi forme di adorazione. In verità, che ne siamo coscienti o meno, attraverso le attività sociali e spirituali intraprese dall'ashram, Amma ci sta guidando in sintonia con queste antiche tradizioni che portano a un'espansione della mente e che costituiscono un terreno ideale per mettere in pratica l'attitudine del karma yoga.

Il primo yajña si chiama Brahma Yajña (detto anche Rsi Yajña). Consiste in un'espressione di gratitudine verso tutti i saggi dell'antichità che ci hanno indicato il cammino verso la libertà dal dolore. Si adempie a questo yajña apprendendo e diffondendo gli insegnamenti del nostro guru e delle scritture. Amma dice: "Uno dei modi per esprimere la nostra gratitudine ai *mahātma* è praticare quello che ci hanno insegnato e trasmettere ad altri questa conoscenza". In realtà, i mahātma come Amma non desiderano la nostra adorazione o riconoscenza. Avendo realizzato la completa pienezza nel Sé, sono perfetti. Brahma Yajña dà beneficio a chi lo esegue, alla società e all'intera creazione. Chi studia le scritture impara tutto sulla vita e su come vivere in modo armonioso con i suoi simili e con la Natura. Inoltre, quando condividiamo con gli altri ciò che abbiamo appreso, soddisfiamo il loro diritto naturale a questa conoscenza. Non ci sarebbe speranza per le future generazioni se tutti lasciassero che la saggezza spirituale scomparisse con loro.

Ovviamente, come figli di Amma, siamo tutti regolarmente impegnati a svolgere questo yajña. Ascoltiamo i discorsi di Amma, leggiamo i suoi libri e cerchiamo di mettere in pratica i suoi insegnamenti. Sebbene si debba aspettare le indicazioni del guru prima di tenere discorsi pubblici, tutti noi possiamo raccontare a coloro che lo chiedono come Amma ci abbia aiutato nella vita. Tutto questo è Brahma Yajña.

Deva Yajña è l'adorazione di Dio. La recitazione del mantra, la meditazione, il canto dei bhajan, ecc., rientrano tutti in questo yajña. Più particolarmente, questo yajña consiste nell'adorare Dio nella forma dei cinque elementi e delle forze naturali. Secondo le scritture, tutte le forze e gli elementi della Natura sono pervasi dalla coscienza, e quindi si dice che siano presieduti da specifici devata (semidèi). L'intera creazione è considerata come il corpo del Signore e onorata, rispettata e adorata. Come Amma ha dichiarato in un discorso pronunciato a Parigi nel 2007, *La compassione: l'unica via alla pace*: "Nei tempi antichi, non c'era particolare bisogno di salvaguardare l'ambiente, perché la protezione della Natura era parte dell'adorazione di Dio e della vita stessa. Più che ricordare 'Dio', le persone erano solite amare e servire la Natura e la società. Esse vedevano il Creatore nella creazione. Amavano, veneravano e proteggevano la Natura come la forma visibile di Dio". Quando vediamo il vento, la pioggia, il sole, la terra, ecc., come manifestazioni di Dio, li rispettiamo e li onoriamo spontaneamente. Nessuno che veda realmente un fiume come Varuna Deva (il dio dell'acqua), potrebbe scaricarvi rifiuti tossici.

Da molti anni, ormai, durante la *puja* che conduce prima del Devi Bhava, Amma ci invita a pregare per la pace nel mondo, spiegando che Madre Natura è agitata e che solo la fresca brezza della grazia di Dio può dissolvere le scure nuvole che si stanno addensando. Amma afferma che la Natura è turbata perché le persone non vivono in armonia con l'ambiente circostante. Se consideriamo tutte le catastrofi naturali che avvengono oggi nel mondo, possiamo notare che sono conseguenze dirette dello sfruttamento della Natura da parte dell'uomo. Amma sottolinea che Madre Natura sta reagendo e distruggendo l'umanità con gli stessi elementi che dovrebbero aiutarci a prosperare. Il vento, che dovrebbe rinfrescarci e diffondere i semi, e la pioggia, vengono a noi sotto forma di uragani e tornado. Il sole che dovrebbe riscaldarci sta sciogliendo le calotte polari. L'acqua che ci lava e ci nutre si sta, a sua volta, ritirando dai nostri pozzi e ci travolge con le onde degli tsunami. La terra stessa, che sostiene tutti, è scossa da terremoti.

Pitr Yajña è il rispetto e il ricordo che si portano verso gli antenati, senza i quali non saremmo potuti nemmeno nascere. Possiamo però intendere questo yajña come un invito a rispettare e onorare tutti i nostri parenti anziani viventi e gli anziani in genere. Dopotutto, le scritture ci dicono:

mātṛdevo bhava | pitṛdevo bhava |

"Possa tua madre essere Dio per te, possa tuo padre essere Dio per te".

Taittiriya Upanisad, 1.11.2

Qual è il senso di venerare i nostri nonni defunti, se poi usiamo parole aspre con i nostri genitori viventi e manchiamo loro di rispetto? Amma dice: "Esprimere gratitudine agli antenati per l'amore e le cure che ci hanno dato è un esempio per i nostri figli. Vedendoci amare e onorare i nostri genitori, essi ci ameranno e onoreranno a loro volta".

Amma ripete sempre che i figli, prima di uscire per qualche commissione, dovrebbero rendere omaggio agli anziani di casa. In India, questo significa inchinarsi e toccare loro i piedi, ma in altre culture questo atto può assumere altre forme. In generale, i bambini dovrebbero avere l'abitudine di prendere congedo dai genitori prima di andare a scuola, ecc. Nelle scuole di Amma, ogni anno c'è un giorno in cui tutte le madri si riuniscono per ricevere dai loro figli la pada puja, il reverenziale lavaggio dei piedi. Non possiamo sottovalutare l'impatto che tali rituali hanno nella mente dei figli (e dei genitori), aiutandoli a vedere il divino in ogni aspetto della creazione. In definitiva, stiamo cercando di vivere con la consapevolezza che l'intera creazione è la personificazione di Dio. Quale occasione migliore cominciare con i nostri genitori che, almeno in senso relativo, ci hanno creato e cresciuto? Purtroppo, ai nostri giorni, molte persone non seguono questo insegnamento. Quando i genitori invecchiano, li mandano in una casa di riposo, facendo loro visita magari solo una volta al mese per qualche ora. Ciò sembra molto lontano dalla dichiarazione vedica di considerarli Dio.

Il quarto yajña è Bhuta Yajña, che consiste nel prendersi cura di piante, animali, ecc., vedendoli come divini. A questo punto vale la pena riflettere su quanto dipendiamo dalla flora e dalla fauna con le quali condividiamo questa terra. Senza piante e animali, gli esseri umani non avrebbero nulla da mangiare e perfino la presenza dell'ossigeno è possibile solo grazie alla trasformazione dell'anidride carbonica da parte del regno vegetale.

Amma parla spesso del pericolo ambientale a cui attualmente il pianeta deve far fronte. Su questo tema, spiega come i fertilizzanti chimici stiano distruggendo la popolazione delle api. Amma ricorda a tutti: "Le api giocano un ruolo vitale nella preservazione della Natura e della società perché impollinano le piante che ci danno frutta e cereali".

Allo stesso modo, gli esseri umani traggono beneficio da ogni creatura vivente. Tutti gli esseri della terra dipendono gli uni dagli altri per sopravvivere. Un aereo non può volare se il motore è danneggiato, ma non può volare neppure se una sola minuscola, indispensabile vite è rotta. Così, perfino il più piccolo essere vivente gioca un ruolo importante. Tutte le creature viventi hanno bisogno del nostro aiuto per sopravvivere. Siamo responsabili anche di loro".

Infine c'è Manusya Yajña, detta anche Nru Yajna, ovvero onorare e rispettare i nostri simili come incarnazioni di Dio. Tradizionalmente, uno dei modi per eseguire questo yajña consisteva nell'offrire cibo e vestiario a un ospite inatteso che arrivava all'improvviso a casa, particolarmente a coloro che facevano pellegrinaggi religiosi e avevano bisogno di un posto dove passare la notte. In tutta l'India, vediamo ancora un'apertura e una calorosa accoglienza verso gli ospiti che non hanno paragoni. È un aspetto che molti stranieri commentano con interesse quando visitano il nostro paese. Rispetto al Manusya Yajña, vale la pena considerare quanto siamo in debito verso i nostri simili in ogni ambito, dal cibo che arriva sulle nostre tavole, all'elettricità che illumina le nostre case, fino alle scarpe che portiamo ai piedi.

Fra tutti questi cinque yajña direi che Amma insiste soprattutto sul Manusya Yajña. Amma dice: "È desiderio di Amma che tutti i suoi figli dedichino la vita a diffondere amore e pace nel mondo. Il vero amore e la devozione per Dio è avere compassione per i poveri e i sofferenti. Figli miei, nutrite chi ha fame, aiutate i poveri, consolate gli afflitti, confortate chi soffre, siate caritatevoli con tutti". In occasione del suo compleanno, Amma dice sempre che sarebbe più felice se, anziché lavare i suoi piedi, i devoti si impegnassero nel servizio ai poveri. E questo è esattamente quello che sta accadendo: l'orfanotrofio dell'ashram, gli ospedali, il progetto di case per i senzatetto, il programma di pensioni, le opere di soccorso in seguito a disastri naturali, le strutture di accoglienza per malati terminali, le borse di studio per i poveri, sono tutte forme di Manusya Yajña.

Quando eseguiamo tali yajña, è importante ricordare ciò che li rende diversi dal mero servizio, ovvero la comprensione che stiamo adorando Dio.

Come scrisse Ramana Maharshi nel suo trattato Upadesha Sāram:

jagat īśadhī yukta-sevanam |
aṣṭa-mūrti-bhṛd-deva-pūjanam ||

"Servire il mondo con l'atteggiamento di servire il Signore è (la vera) adorazione di Dio, Colui che controlla le ottuplici forme".

Upadesha Saram, 5.

Le 'ottuplici forme' sono i cinque elementi (spazio, aria, fuoco, acqua e terra), il sole, la luna e tutti gli esseri. Dunque, non stiamo aiutando il nostro prossimo e le piante e gli animali perché Dio *vuole* che lo facciamo, ma perché abbiamo compreso che essi *sono* Dio. Questo è il significato che sta dietro all'affermazione *'Nāra seva nārāyana seva'*, "Servire l'uomo è servire Dio". In modo simile, capiamo che i fiumi, gli animali e gli alberi sono anch'essi manifestazioni di Dio[1]. Lo stesso vale per i nostri genitori. Ciò è importante perché questa attitudine aiuta le nostre azioni a produrre non solo una purificazione della mente, ma anche la sua espansione – la graduale distruzione dei limiti che abbiamo posto ai nostri concetti su cosa sia il mondo e cosa sia Dio.

Ecco un esempio di come questo si applichi attraverso il Bhuta Yajña, l'adorazione di Dio tramite la protezione della flora e della fauna. In alcune scuole di Amma, una forma di Bhuta Yajña è iniziata quando gli insegnanti hanno dato a ciascun alunno un alberello da piantare, cui dare un nome e da venerare innaffiandolo quotidianamente. Gli insegnanti ci riferiscono qualcosa di

---

[1] Secondo il commentario di Adi Shankaracharya sul Vishnu Sahasranāma, il termine nārāyana richiama questa verità. Nāra significa ātma (Sé); dunque (in accordo con la grammatica Sanscrita) nāra significa 'gli effetti dell'ātma', cioè i cinque elementi che formano l'universo. Ayana significa 'dimora' e quindi nārāyana significa 'colui la cui dimora sono i cinque elementi'.

veramente bello. Dicono che quando arrivano le vacanze, molti bambini vanno dalla loro pianta e le dicono: "Oh, durante le vacanze non sarò qui a innaffiarti, ma non essere triste, tornerò tra due mesi. Non piangere!" .Nessuno ha detto ai bambini di parlare agli alberelli in questo modo, lo fanno spontaneamente. Dando un nome alle loro piante, innaffiandole ogni giorno, essi hanno sviluppato una naturale relazione con esse. Alcuni bambini hanno addirittura scritto delle lettere, che poi hanno appeso agli alberelli, per dire loro: "Quando sei triste, leggi la mia lettera". E questa comprensione che gli alberi non sono oggetti inerti, ma esseri senzienti capaci di sentimenti li seguirà per tutta la vita. La visione di questi piccoli riguardo al mondo in cui vivono si è ampliata sin dall'inizio e, infine, giungeranno a capire che l'intero universo, interiore ed esteriore, pulsa con la divinità. Se eseguiti con la giusta mentalità, i pañca mahayajñas possono infine aiutarci a vedere il nostro Sé negli altri e gli altri nel nostro Sé. E in questa comprensione dimora la vera trascendenza.

Capitolo Sette

Coltivare le qualità divine

"Figli, Dio ci ha dato le facoltà necessarie per diventare come Lui. Amore, bellezza e tutte le qualità divine esistono dentro di noi. Dobbiamo fare uso delle nostre capacità per esprimere queste qualità divine nella nostra vita".

—Amma

Ogni religione insiste sull'importanza di coltivare buone qualità: essere gentili, dire la verità, non rubare, ecc. In poche parole, dovremmo seguire la regola d'oro del 'Fate agli altri quello che vorreste fosse fatto a voi'. In una forma o in un'altra, questa frase si trova nei libri sacri di tutte le religioni del mondo, incluso l'Induismo. Infatti, nel Mahābhārata, durante l'educazione di Yudhisthira a opera di Brhaspati, il *guru* dei *devata* (semidei) dice:

na tat parasya saṁdadhyāt pratikūlaṁ yadātmanaḥ |
eṣa saṁkṣepato dharmaḥ kāmādanya pravartate ||

"Non si deve mai fare agli altri quello che si considera dannoso per se stessi. Questa, in breve, è la legge del *dharma*. Un comportamento diverso è dovuto a desideri egoistici".

Mahābhārata, 13.114.8

Il miglioramento del carattere gioca un ruolo importante per stabilire non soltanto l'armonia sociale ma anche quella individuale.

111

Infatti, le scritture ripetono continuamente che senza perfezionare il proprio carattere un ricercatore spirituale non ha alcuna speranza di realizzare il Sé:

nāvirato duścaritānnāśānto nāsamāhitaḥ |
nāśantamānaso vā'pi prajñānen-ainam-āpnuyāt ||

"Chi non desiste dalla cattiva condotta, che non ha i sensi sotto controllo, la cui mente non è concentrata, la cui mente non è libera da ansietà, non può raggiungere questo Sé attraverso la conoscenza".

Katha Upanishad, 1.2.24

Le scritture elencano qualità apparentemente infinite da coltivare. Ciò è dovuto all'esplorazione approfondita della persona umana in tutti i suoi aspetti sottili, intrapresa dai santi e dai saggi. Il voluminoso lessico della lingua sanscrita è una testimonianza di quanto fossero precisi e profondi i grandi intelletti dell'antica India. Quante dozzine di sinonimi per la parola 'dolore' sono enumerate, tutte riflettenti le sottili variazioni della sofferenza! Quanti differenti tipi di orgoglio sono descritti in dettaglio! Quanti tipi d'amore! I grandi intelletti di quei tempi hanno perfino diviso il sorriso umano in sei distinte varianti! Solo nel 13° capitolo della Bhagavad Gita, Srī Krishna elenca più di 20 qualità che un sincero ricercatore dovrebbe sviluppare.

In questo capitolo ci focalizzeremo su alcune virtù alle quali Amma dà particolare importanza, cioè la pazienza, l'innocenza, l'umiltà, la consapevolezza e la compassione. Nonostante queste e altre qualità siano universali, vediamo che scritture e guru differenti mettono in rilievo certe qualità più di altre. Forse dipende dalle necessità dei tempi o dalla particolare mentalità dei loro devoti e discepoli. Qualunque sia la causa, Amma dice che all'inizio è sufficiente focalizzarsi sullo sviluppo di una buona qualità: "Scegliete una qualità e rispettatela con grande fede e ottimismo; altre qualità seguiranno automaticamente".

Per illustrare questo punto, Amma racconta la storia di una donna che vince un bellissimo lampadario di cristallo come primo premio in un concorso. Lo porta a casa e lo appende nel salotto. Apprezzando la sua bellezza, si accorge all'improvviso che il colore dell'intonaco dei muri appare sbiadito e sembra sudicio accanto al nuovo scintillante lampadario e allora decide di rinfrescare le pareti della stanza. Finito questo lavoro, guarda la stanza e si accorge che le tende sono sporche. Così toglie le tende e le lava per bene. Poi si rende conto che il tappeto è diventato logoro, lo toglie e lo sostituisce con uno nuovo. Alla fine, la stanza ha un aspetto completamente nuovo. Ciò che ha portato a una completa trasformazione della casa era iniziato con un solo piccolo cambiamento: il lampadario nuovo.

Oppure, possiamo pensare a questo concetto di Amma in termini di perfezionamento fisico. Diciamo che un uomo si rende conto di essere fuori forma e decide di fare dell'esercizio fisico. Così stabilisce di fare delle flessioni. Ogni giorno si mette sul pavimento e ne fa più che può. Dopo circa un mese si sente veramente diverso, e quando si guarda allo specchio vede quanto il petto e le spalle appaiano più robusti. Al confronto, però, i suoi bicipiti sembrano piccoli. Allora si procura dei pesi da sollevare e li aggiunge al suo allenamento. E dopo vuole rendere più tonico lo stomaco, e inizia degli esercizi per gli addominali. Ecco che esegue piegamenti per sviluppare i muscoli delle gambe... Un anno dopo non possiamo neppure riconoscerlo, è diventato un Arnold Schwarzenegger!

Questo sviluppo è dovuto a un aumento della consapevolezza. Coltiviamo una buona qualità e improvvisamente, nella nostra mente, essa sottolinea i nostri difetti. Prima, pur sapendo che le imperfezioni erano presenti, non ci facevamo molto caso perché non ci costringevano a guardarle spesso. Erano in bella vista per gli *altri*, la nostra famiglia, gli amici e i colleghi, ma a causa della nostra mancanza di consapevolezza erano nascoste proprio a noi.

Le scritture chiamano le qualità positive *daivi sampat* – qualità divine[1] – e le qualità negative *āsuri sampat* – qualità demoniache. In essenza, noi non siamo né buoni né cattivi; siamo il substrato di coscienza sul quale si manifestano tali dualità. Ma poiché la mente è materia, assumerà una qualità o l'altra. Dove non c'è giorno, può esservi solo notte. Generalmente, dove è assente la virtù, si può trovare solo il suo opposto. Per esempio, se uno non è compassionevole, cosa può essere se non indifferente? Se non è umile, sarà egoista. Se non è paziente, sarà impaziente. La qualità della nostra mente è sotto il nostro controllo. Possiamo permettere che si deteriori nella natura dei demoni, oppure possiamo raffinarla fino a risplendere delle glorie degli dèi.

Questo concetto si riflette in una delle antiche leggende dell'India, nella quale un saggio di nome Kaśyapa aveva due mogli: Aditi e Diti. Aditi generò gli *āditya* (semidèi) e Diti i *daitya* (demoni). Questa allegoria simboleggia la capacità individuale di essere buoni o malvagi secondo la propria mente.

Solo perché una qualità – sia essa buona o demoniaca – non ha l'occasione di esprimersi, non significa che non esista nella psiche di un individuo. Di certo, uno dei due estremi dello spettro esiste nel suo subconscio e, quando capita la situazione giusta, si manifesta. Un re che è servito e riverito può non avere molte occasioni per esprimere pazienza o impazienza. Ma lasciamolo aspettare a lungo il suo pranzo e vedremo cosa affiorerà! E così, anche un monaco che vive solo in una caverna non ha forse molte opportunità di manifestare compassione o indifferenza, ma dentro di lui una delle due qualità è senz'altro predominante. Un *mahātma* mostra spontaneamente solo buone qualità perché ha trasceso tutte le preferenze e repulsioni egoistiche e agisce vedendo tutto come estensione del suo stesso Sé. Inoltre, seguirà le norme del dharma per essere d'esempio agli altri. Le azioni di una persona

---

[1] Esse sono 'divine' perché coltivarle ci aiuta a progredire verso la realizzazione della nostra natura divina.

comune dipendono da un lato dalla forza del suo attaccamento a ciò che ama e a ciò che detesta, dall'altro dalla forza del suo attaccamento al dharma. È come se avessimo una bilancia – su un piatto le nostre simpatie e antipatie e sull'altro l'attaccamento al dharma. Se il primo piatto è più pesante, ci comporteremo come un demone; se lo è il secondo, invece, ci comporteremo come un dio. Se una persona si mette a meditare in isolamento prima di avere superato le proprie preferenze e avversioni, può arrivare a credere di averle trascese semplicemente a causa della mancanza di stimoli che ne scatenino esteriormente i sintomi. Solo quando siamo diventati consapevoli delle nostre negatività, possiamo cominciare a sforzarci di trasformarle in qualità positive.

Qualcuno mi ha detto che una buona dimostrazione di questo concetto è presente in un film animato per bambini che s'intitola *Alla ricerca di Nemo*. Nel film c'è un gruppo di squali i quali hanno deciso di smettere di mangiare pesce e che hanno formato perfino un gruppo chiamato 'Mangiatori di pesce anonimi'. Durante i loro incontri essi si ricordano continuamente l'un l'altro che "I pesci sono amici – non cibo!". Il leader del gruppo è l'enorme Grande Squalo Bianco, il quale orgogliosamente proclama di essere rimasto ben tre settimane senza mangiare pesce. Tutto sembra andare bene per gli squali finché un pesce, che nuota nei paraggi, si ferisce, e una piccola goccia di sangue comincia lentamente a fluttuare verso il naso del leader. Ovviamente, nell'istante in cui questi annusa il sangue, le sue *vāsana* (tendenze) di mangiare pesce si risvegliano e, di colpo, nulla può fermarlo. Lo squalo impazzisce e si mette alla caccia del pesce per tutto l'oceano con l'intenzione di divorarlo.

Con questo esempio non intendo dire che dobbiamo consentire che gli oggetti dei sensi ci attraggano, ma non possiamo nemmeno sfuggire loro per sempre. All'inizio della vita spirituale, è importante impegnarsi in *dama* (controllo dei sensi) ed evitare la presenza di oggetti tentatori, ma alla fine dobbiamo diventare forti abbastanza da trascendere il bisogno di questo isolamento.

Come dice Amma: "Una pianta deve essere protetta da un recinto finché non diventa grande. Dopo di che, non c'è più problema". Potremo dire di avere veramente sradicato una vāsana solo quando potremo stare faccia a faccia con un oggetto senza provarne neppure un barlume di desiderio. Le qualità demoniache si manifestano quando ci identifichiamo con qualcosa di limitato, cioè il corpo e la mente. Le qualità divine appaiono quando ci identifichiamo con qualcosa di illimitato: la coscienza. Dunque, quanto più siamo identificati con il corpo e la mente, tanto più demoniaca sarà la nostra natura. Più siamo identificati con il Sé, più sarà divina. La natura suprema del Sé è oltre tutti questi concetti dualistici, come buono o cattivo, ma per comprendere questa realtà dobbiamo dapprima purificare la nostra mente coltivando qualità divine. In questo modo, un comportamento retto e virtuoso diventa come un gradino che rende possibile il passaggio dall'egoismo all'altruismo.

Consideriamo ora quelle qualità divine alle quali Amma dà maggiore rilievo ed esaminiamo alcuni comportamenti utili a coltivarle. Ricordate, il fatto che Amma sottolinei soprattutto queste qualità, non significa che non consideri importanti le altre qualità divine e che noi possiamo ignorarle.

Pazienza

Amma dice che la pazienza è una qualità necessaria dall'inizio alla fine della vita spirituale. "La vita spirituale è possibile solo per chi ha molta pazienza, altrimenti ne risulterà solo delusione". Nell'epoca moderna, tutti vogliono i frutti dell'azione, senza alcun ritardo. Oggi, quasi tutte le pubblicità contengono la parola 'immediato': prestito *immediato*, messaggi *immediati*, servizi di credito *immediato*, risultati *immediati*… La gente parla perfino di 'illuminazione immediata'. Amma dice che il bisogno di rapidità è diventato una malattia. Tutto ciò che ha valore richiede tempo per essere coltivato. Vediamo questa tendenza addirittura nei confronti delle verdure che si producono oggi. Grazie a nuove tecnologie agricole, la scienza applicata all'agricoltura è in grado di ridurre il tempo che intercorre dalla semina al raccolto, ma le verdure che ne risultano contengono un valore nutrizionale inferiore.

Mi hanno raccontato una barzelletta. Un uomo prega Dio: "Per favore, Signore, dammi la pazienza... *adesso, subito!*". Ma non è così che funziona. La crescita spirituale è in molti modi simile allo sbocciare di un fiore. È un processo graduale che richiede attenzione e pazienza. Non si può aprire il seme e tirare fuori il germoglio. Non si possono forzare i petali ad aprirsi. Purtroppo, nell'epoca moderna, le persone chiedono l'elevazione spirituale il più in fretta possibile. Amma dice: "È come una madre che dica al suo bambino: 'Voglio che tu cresca subito! Perché devi restare bambino così a lungo? Sbrigati! Non ho tempo da perdere!'. Che cosa direste di una madre simile se non che è completamente sciocca o pazza? La gente si aspetta che accadano miracoli, non ha la pazienza di attendere o di fare degli sforzi. Non capisce che il vero miracolo consiste nell'aprire il proprio cuore all'unica verità suprema. Questo sbocciare interiore, però, è sempre lento e costante".

Se non abbiamo pazienza, non potremo mai sperare di progredire nella vita spirituale. Per decenni abbiamo lasciato che la mente facesse tutto quello che voleva. Ora, all'improvviso, cerchiamo di imporle un controllo. Abbiamo vissuto per i risultati materiali, e ora stiamo cercando di andare oltre tale miopia. Stiamo cercando di sostituire le negatività con i valori, l'odio con l'amore, l'indifferenza con la compassione. Per la maggior parte di noi, le vāsana sono profondamente radicate e sradicarle richiede impegno e dedizione. Prima di raggiungere il culmine della vita spirituale, dobbiamo invertire decisamente il nostro modo di pensare riguardo a noi stessi, al mondo intorno a noi, e perfino a Dio. Tutto questo non può accadere dall'oggi al domani.

Innocenza

Amma parla dell'importanza di coltivare l'innocenza forse più di ogni altra qualità. Nel suo significato ultimo, Amma considera 'l'innocenza' come il vero frutto della conoscenza del Sé – una prospettiva sempre fresca e gioiosa nei confronti di tutto quello che si percepisce. Ma a un livello più relativo, Amma usa il termine innocenza per indicare lo sviluppo di una fede e di una ricettività da bambino: l'attitudine del principiante. Senza queste qualità, non si potrà mai crescere. Senza la fede nel nostro guru e nelle scritture, non saremo neppure capaci di iniziare il cammino spirituale. Se non siamo ricettivi, rifiuteremo tutto quello che non aderisce alla nostra prospettiva attuale. E senza l'atteggiamento di un principiante, ci sentiremo rapidamente frustrati e abbandoneremo tutto. Queste qualità ci aiutano a vedere la vita con gli occhi di un bambino, con un certo grado di stupore e di gioia, e arricchiscono la nostra vita e quella degli altri.

"Se abbiamo l'attitudine di un principiante, ogni situazione sarà per noi un'opportunità di imparare", dice Amma. "Un principiante è sempre ignorante, e sa di esserlo, perciò ascolta attentamente. È aperto e ricettivo. Quando si ritiene di sapere, non si ascolta più, si parla e basta. La mente è già piena".

Essere un principiante non significa non fare alcun progresso o dimenticare continuamente quello che si è imparato, ma mantenere una totale apertura, attenzione e ricettività. Amma dice che questo è il solo modo per assimilare davvero la conoscenza e la saggezza.

Nella sua innocenza, un bambino è sempre pronto a perdonare e a dimenticare. In verità, non pensa neppure in termini di 'perdono'. Per lui è automatico. Noi, invece, siamo l'opposto: restiamo aggrappati a rancori e offese per anni, addirittura per molte vite. Amma afferma che certe persone pregano perfino di poter ritornare in un'altra vita per vendicarsi ulteriormente di chi ha fatto loro un torto! Al contrario, i bambini possono arrabbiarsi con un altro bimbo un minuto prima e giocarci allegramente insieme l'attimo dopo. Amma dice che questo è il tipo di mente che dovremmo coltivare: una mente capace di perdonare e dimenticare. Grazie all'innocenza, siamo aperti e ricettivi e pieni di fede. Se dite a un bambino che è un re con poteri magici, lo accetterà immediatamente. Nella vita spirituale, il guru ci dice ogni tipo di cose circa la nostra reale natura e quella del mondo intorno a noi che in gran parte accettiamo a fatica. In momenti simili, ci sarebbe di grande beneficio un po' del bambino che siamo stati.

C'è un episodio accaduto molti anni addietro che illustra chiaramente questo punto. Una notte, uno degli ashramiti era sveglio nel suo letto e pensava ad Amma. All'improvviso si accorse di una zanzara che puntava dritta verso la sua fronte. Credendo fosse Amma che veniva a benedirlo sotto forma di insetto, si lasciò pungere, facendo attenzione a non muoversi o a disturbarlo mentre questi gli succhiava il sangue. La zanzara lasciò un grosso segno esattamente nel punto del 'terzo occhio'. Il giorno seguente, quando qualcuno le parlò del *darshan* ricevuto da questo ashramita, Amma lo chiamò per esaminare il segno della puntura. Quando lo vide, scoppiò a ridere fragorosamente e lo strinse forte a sé con amore. Amma ride ancora ogniqualvolta racconta questa storia, ma poi aggiunge sempre: "Una innocenza simile non dovrebbe mai andare perduta".

Noi possiamo anche ridere, pensando: "Mio Dio! Amma che prende la forma di una *zanzara*? *Fatemi il piacere!* Che *pivello!*". Ma le scritture ci dicono che i cinque elementi che compongono la totalità di questo mondo fisico, in realtà sono divini nell'essenza. (Questo non significa che non si debba scacciare la zanzara). Quindi, un po' di questo genere di innocenza non sarebbe una cattiva cosa.

Umiltà

Lo sradicamento dell'ego avviene a due livelli. A livello sottile, significa distruggere il concetto di avere una individualità separata. A livello grossolano, significa sradicare i sentimenti di superiorità. In effetti, un forte ego grossolano è segno certo di un forte ego sottile. Lo scopo della vita spirituale è la rimozione dell'ego grossolano. Questo avviene soltanto con l'assimilazione della consapevolezza che non siamo il corpo, le emozioni e l'intelletto, ma la coscienza, che è onnipervadente ed eterna. Per raggiungere questa comprensione, dobbiamo per prima cosa rimuovere il nostro ego grossolano, almeno in parte. Ecco perché Amma insiste sull'importanza di coltivare l'umiltà. Senza umiltà, non potremo mai inchinarci davanti al guru e ammettere che i nostri concetti sulla realtà siano errati. Dove c'è un ego eccessivo, non è possibile neppure prendere in mano una scopa e impegnarsi nel *guru seva*. Come dice Amma: "C'è un grande albero dormiente dentro al seme, ma questi potrà germogliare solo se sarà sepolto nella terra. Se il seme pensa egoisticamente 'Perché dovrei inchinarmi a questa sporca terra?', la sua vera natura non potrà manifestarsi e sarà solo cibo per topi o scoiattoli. Così, solamente se coltiviamo e sviluppiamo l'umiltà sarà possibile realizzare la Verità Suprema, che è la nostra vera natura".

Purtroppo, alcuni aspiranti spirituali cadono vittime dell'orgoglio. Completamente identificati con la mente e la loro comprensione intellettuale della spiritualità, essi sviluppano sentimenti sottili, e non solo sottili, di superiorità. In Sādhana Pañcakam, Ādi Śaṅkarāchārya mette specificatamente in guardia i ricercatori contro questo trabocchetto, dicendo: *"Aharahargarvah parityajyatām*. Possa tu costantemente rinunciare all'arroganza del sapere".

L'umiltà è la naturale espressione della comprensione spirituale. Quando arriviamo a capire veramente che il mondo, e tutto in esso, è divino, come possiamo serbare sentimenti di superiorità?

Quando capiamo che senza i cinque elementi non siamo in grado di mangiare, bere e neppure respirare, come possiamo non essere umili? Quando proviamo tale orgoglio, è necessario distruggerlo con la riflessione. Dobbiamo pensare: "Qualunque conoscenza io abbia mi è venuta solamente dal guru. Che diritti posso avanzare su di essa? Non sono in grado nemmeno di rivendicare la responsabilità della mia mente e la sua capacità di ricordare e pensare!".

C'era una volta un guru che aveva come discepoli due fratelli. Una mattina il fratello più giovane si avvicinò al guru e disse: "So che consideri mio fratello un discepolo migliore di me. Ma che cos'ha di così speciale? Io posso fare tutto quello che sa fare lui!".

Il guru gli chiese di andare a prendere suo fratello e quando ritornarono assieme, disse loro: "Ciascuno di voi vada a lavare i piedi di dieci persone inferiori a lui. Vedremo chi tornerà per primo".

Entrambi i fratelli s'inchinarono al maestro e subito si dedicarono al loro compito. Appena un'ora dopo, il fratello più giovane fu già di ritorno. "Ecco fatto", disse. Il guru si limitò a sorridere compassionevolmente.

Era passato il crepuscolo quando rientrò il fratello maggiore. Non disse una parola, semplicemente si prosternò ai piedi del suo guru. "Ebbene?", chiese il guru.

"Mi dispiace, Guruji", disse. "Per nulla al mondo sono riuscito a trovare qualcuno inferiore a me".

Il guru guardò il fratello più giovane e disse: "È la sua umiltà che lo rende superiore".

Attenzione

Amma dice che un aspirante spirituale deve compiere ogni azione con attenzione. In questo modo, ogni gesto diventa una forma di meditazione. Se siamo veramente seri nel voler sviluppare la nostra concentrazione mentale, dobbiamo vivere in modo che essa trasformi le nostre cosiddette azioni 'mondane' in veicoli di purificazione mentale. In una Upanishad, il sentiero spirituale è paragonato addirittura al "camminare sul filo del rasoio", perché non solo si deve rendere la mente affilata come un rasoio, ma bisogna anche usare poi la sua sottigliezza per discriminare costantemente tra realtà e irrealtà. Amma afferma che se non sviluppiamo vigilanza riguardo alle azioni più semplici, non potremo mai sperare di farlo nei confronti dei pensieri.

Ricordo un fatto divertente riguardante un brahmachāri il cui seva era fare il correttore di bozze di una pubblicazione dell'Ashram. Quando venne stampato il testo, c'era un terribile errore in una citazione di Amma. La frase doveva riportare una frequente affermazione di Amma: "Ciò che ci manca non è la conoscenza scolastica ma la consapevolezza". La frase pubblicata diceva: "Ciò che ci manca non è la consapevolezza ma la conoscenza scolastica". Che confusione! La correzione stessa – o meglio la sua mancanza – illustrava il concetto espresso da Amma. Non che il brahmachāri ignorasse la frase di Amma, sicuramente l'aveva sentita molte volte, ma gli mancava la consapevolezza di riconoscere perfino gli errori di dattilografia. E quando il libro fu pubblicato e l'errore scoperto, il brahmachāri ebbe il suo bel da fare a stampare la frase corretta su dei foglietti di carta e a incollarli sopra quella errata. Di sicuro si trattò di una lezione che non dimenticherà mai!

Compassione

Amma dice che la compassione è amore espresso in azione. L'amore autentico è il sentimento che risulta dall'esperienza di unità. Quando qualcuno che amiamo soffre, percepiamo il suo dolore come fosse il nostro e facciamo il possibile per alleviarlo. In effetti, questo è il significato letterale del termine compassione, che deriva dal latino *com* (insieme) e *pati* (soffrire). Mentre il nostro amore è limitato, e per giunta rivolto solo a poche persone, un mahātma come Amma percepisce la sua unità con l'intera creazione e quindi spontaneamente si volge a servire i poveri e i sofferenti. Le sue azioni hanno ampia portata grazie alla vastità della sua mente. La sua compassione non ha confini perché il suo concetto del Sé non ha confini. Amma dice che se desideriamo espandere la nostra nozione del Sé, dovremmo almeno cercare di aprire il nostro cuore e sentire il dolore degli altri. Dovremmo impiegare un po' del nostro tempo pensando alle loro sofferenze, e inoltre fare del servizio disinteressato per cercare di sottrarli alla triste situazione in cui si trovano. La visione di un mahātma è vasta e così le sue azioni. Per noi può essere invece utile il procedimento opposto: facciamo in modo che le nostre azioni siano altruistiche e poi, piano piano, la nostra mente si espanderà a sua volta.

Inutile dire che tutta la vita di Amma è un insegnamento della compassione. Azioni compassionevoli generano di per sé compassione. A questo proposito, un bell'esempio ci viene dall'orfanotrofio di Amma, "Amrita Niketan", di Paripalli, nel distretto di Kollam, in Kerala. I 500 orfani mangiano insieme tre volte al giorno. Dopo che ogni bambino è stato servito, tutti insieme recitano il 15° capitolo della Bhagavad Gita e poi offrono due palline di riso[2]. La prima è per Amma, la seconda per tutti i bambini affamati del mondo. Quando i piccoli chiudono gli occhi e pregano per gli altri bambini, sui loro volti si può leggere un'autentica sincerità: pregano davvero con tutto il cuore. Spesso è possibile vedere scendere delle lacrime sulle loro guance. Amma dice che tutti dovremmo riflettere sulle sofferenze degli altri. Questo aprirà il nostro cuore e l'effetto si manifesterà nelle nostre azioni.

---

[2] Le palline di riso sono poi mangiate a fine pasto come *prasad* (offerta consacrata).

Metodi di perfezionamento

Possiamo facilmente elencare dozzine di buone qualità che ci piacerebbe avere. Ma come alimentare queste qualità fino al loro pieno sbocciare in noi? Il metodo più facile è il *satsang* – trascorrere del tempo con persone che possiedono quelle qualità. Come abbiamo già detto nel secondo capitolo, più stiamo in compagnia di persone *dharmiche* (rette), più rapidamente assorbiamo un comportamento dharmico. Al contrario, più frequentiamo persone che manifestano qualità *adharmiche* (cattive qualità), più assimiliamo un comportamento adharmico. Molti occidentali che vengono a vivere ad Amritapuri, spesso finiscono per sviluppare un leggero accento indiano. Perché? Perché sono a stretto contatto con indiani. In modo analogo, se scegliamo buone compagnie, questo può solo farci del bene perché assorbiremo alcune loro buone qualità; se optiamo per compagnie mediocri, queste potranno trascinarci verso il basso. Se la nostra possibilità di accostarci a persone dharmiche è limitata, possiamo sempre leggere biografie spirituali che le riguardano. Anche questo è satsang.

Un'altra cosa che possiamo fare è esprimere un voto. Se abbiamo veramente problemi con la pazienza, possiamo fare solennemente il voto di non perderla. Dopodiché dovremmo cercare di essere molto attenti quando incontriamo situazioni piene di stress, irritanti o frustranti.

C'è un ashramita che aveva problemi con la collera. Non solo si arrabbiava facilmente, ma perdeva spesso le staffe e aggrediva gli altri con parole velenose. Dopo un episodio di questo tipo, Amma gli disse di cominciare a tenere un diario. Ogni notte, prima di dormire, doveva riflettere sulla giornata trascorsa e annotare tutte le volte che aveva perso la calma. Amma gli disse anche di segnare tutte le volte in cui aveva reso felice qualcuno. In quel modo, sarebbe stato come un uomo d'affari che la sera esamina il suo registro riflettendo sui guadagni e sulle perdite.

Avrebbe così gradualmente raggiunto la consapevolezza delle sue azioni. Questo accadeva molti anni fa e adesso, effettivamente, l'ashramita è molto più gentile e pacato nel parlare di quanto lo fosse prima: una vera trasformazione. Possiamo tutti adottare questa tecnica del diario. Basta scegliere una qualità e procedere. Quando scriviamo, ogni sera, possiamo farlo come se scrivessimo direttamente ad Amma. Ciò ci aiuterà ad approfondire il nostro legame con lei.

Quando si fa un voto, è meglio essere precisi. Focalizzatevi su una o due qualità negative per cominciare, altrimenti potreste sentirvi sopraffatti. È meglio darsi degli obiettivi specifici e ampliarli una volta che si diventa più sicuri.

Se vogliamo sviluppare un particolare valore o una buona qualità, dovremmo anche impiegare del tempo per riflettere sui suoi benefici così come sui demeriti del difetto corrispondente. Via via che nella nostra mente è più chiara la connessione tra la virtù e i suoi benefici, più facile sarà per noi agire di conseguenza. E in modo simile, più avremo chiaro il demerito della qualità negativa, più prontamente ci asterremo da essa.

Ricordo che una donna, una volta, chiese ad Amma di aiutarla a superare la sua dipendenza dal caffè. Amma le domandò subito: "Perché vuoi smettere di bere caffè?". La donna non aveva una risposta chiara. Amma sembrò dire: "Finché non saprai perché vuoi cambiare, il cambiamento non avverrà mai". Ci sono molte ragioni per smettere di bere caffè: causa nervosismo, viene il mal di testa se non lo prendiamo, induce insonnia, problemi di salute, irritabilità, ecc. Se vogliamo abbandonare una cattiva abitudine, dobbiamo conoscerne con chiarezza la ragione. Se non c'è chiarezza nel pensiero, non ci potrà mai essere chiarezza nel comportamento.

Come ricercatori spirituali, dovremmo riflettere su quanto lo sviluppare una qualità desiderata ci aiuti verso la realizzazione del Sé e su come, al contrario, la controparte negativa ostacoli questo risultato. È necessario sviluppare 'il valore dei valori', ma questo potrà avvenire solo se impegneremo del tempo a riflettere sull'importanza delle qualità. Questo è qualcosa che possiamo fare nella quiete della nostra meditazione, ma anche in qualunque altro momento della giornata, o persino quando la tendenza negativa che desideriamo superare comincia a sorgere. Tuttavia, se lo facciamo *solo* in quei momenti, potremmo scoprire di non avere la forza di astenerci. Come in ogni cosa della vita, ci serve la pratica.

Capitolo Otto

Affinare la mente

Qualunque tipo di meditazione facciamo, che ci focalizziamo sul cuore o tra le sopracciglia, l'obiettivo è lo stesso: la concentrazione su un solo punto.

—Amma

Quando la maggior parte delle persone pensa alla spiritualità, la prima cosa che viene in mente è la meditazione. Purtroppo, la meditazione è uno degli aspetti più fraintesi della vita spirituale. Cos'è esattamente la meditazione? Qual è il suo scopo? È un fine o un mezzo? Come funziona? Apparentemente è un processo davvero misterioso, ma fortunatamente abbiamo in Amma un maestro vivente che può fornirci una guida adeguata e fatta su misura per noi, basata sulla sua stessa esperienza.

Sostanzialmente, ci sono due tipi di meditazione: la meditazione su Dio con forma e la meditazione sull'*ātma* – la coscienza, centro del nostro essere. Esse sono chiamate rispettivamente meditazione *saguna* e meditazione *nirguna*[1]. La meditazione Mā-Om di Amma, la Tecnica Amrita di Meditazione Integrata (la tecnica IAM), il *mantra japa* mentale e la *mānasa pūja* (adorazione mentale) sono tutti tipi di meditazione saguna. Saguna indica che l'oggetto della nostra meditazione ha qualità concrete. In tale meditazione, c'è una chiara differenza tra noi – i meditanti – e l'oggetto della nostra meditazione. Per esempio, nella meditazione

---

[1] *Saguna* significa 'con qualità'; *nirguna* significa 'senza qualità'.

127

Mā-Om, la breve meditazione nella quale Amma guida il pubblico durante i suoi programmi, ci concentriamo sull'inspirazione ed espirazione, associandole rispettivamente alle sillabe *Mā* e *Om*. Nella tecnica IAM, ci viene indicata una serie di punti del corpo fisico sui quali concentrarci. Quando facciamo japa o recitiamo l'*archana*, siamo concentrati su uno o più mantra. Quando siamo impegnati nella mānasa pūja, stiamo mentalmente cercando di raffigurare e adorare la forma della nostra divinità amata.

Proprio come lo scopo del *karma yoga* è raffinare la mente rimuovendo le nostre preferenze e avversioni, così anche la meditazione saguna ha un suo preciso fine, che consiste principalmente nel migliorare la nostra capacità di concentrazione su un punto. "Qualunque sia il punto del corpo su cui meditiamo, la meta è la concentrazione su un solo punto", dice Amma. E questa è effettivamente la finalità della maggior parte delle pratiche spirituali mentali.

Su questo tema c'è una storia che compare nella Bibbia[2]. Mentre Gesù stava viaggiando attraverso la Galilea, arrivò in un luogo dove viveva un uomo che si diceva fosse posseduto da forze demoniache. Viveva tra le tombe, inveendo, vaneggiando e spaventando a morte chiunque vivesse nei paraggi. Quando costui avvicinò Gesù, egli gli chiese quale fosse il suo nome. L'uomo rispose: "Chiamami 'legione' poiché siamo in molti". La Bibbia dice che l'uomo intendeva dire che non era un solo demone a possederlo, ma una moltitudine di demoni. Nonostante ciò, Gesù benedì l'uomo, e la legione di demoni fu scacciata. In questo esorcismo, qualcuno vede un significato simbolico. La legione di demoni rappresenta una mente non armonica. Una tale mente contiene un gran numero di impulsi e idee conflittuali, non ha potere di concentrazione e non riesce mai a essere rilassata. L'esempio della legione è estremo, ma se ci analizziamo interiormente vedremo che, in una certa misura, la maggior parte di noi

---

[2] Marco, 5.1-20 e Luca 8.26-39

è 'posseduta' in questo modo. Incontrare Gesù significa entrare in contatto con un *mahātma*, i cui insegnamenti ci aiutano a conseguire controllo mentale, concentrazione e, soprattutto, pace. Se si vuole avere successo in qualsiasi campo, materiale o spirituale, la capacità di concentrazione è essenziale. Un analista finanziario deve essere in grado di concentrarsi sui rapporti della borsa; un giocatore di baseball o un battitore di cricket deve concentrarsi sulla palla; un programmatore di computer deve sapersi focalizzare sul codice. In modo analogo, un discepolo deve essere in grado, nella sua vita quotidiana, di concentrarsi sugli insegnamenti del suo guru. *Ogni cosa* richiede concentrazione.

Le scritture affermano ripetutamente che noi non siamo la mente. Piuttosto, essa è uno strumento da usare per interagire col mondo che ci circonda, in modo molto simile a un computer. Ogni esperto di computer sa bene che esso necessita di una regolare manutenzione. È necessario deframmentare i dischi fissi, cancellare i files indesiderati, aggiornare il software di sistema, e forse anche aumentare la RAM e la memoria, ecc. Inoltre dobbiamo aggiornare regolarmente il software anti-virus. E come tutte queste operazioni mantengono in buone condizioni il nostro computer, così una regolare meditazione mantiene il computer mentale sano e felice.

La meditazione può essere paragonata anche all'esercizio fisico. Sappiamo tutti che per conservare in buona salute il nostro corpo dobbiamo svolgere un minimo di esercizio fisico. Questa è una cosa di cui tutti hanno bisogno. Come ricercatori spirituali, però, siamo diversi. Non siamo interessati a mantenere semplicemente un livello basilare di salute mentale: vogliamo creare una mente capace di realizzare la verità suprema, rendendoci liberi di godere della beatitudine del Sé.

Nello Śrimad Bhāgavatam, scritto molte migliaia di anni fa, c'è un punto in cui il saggio Śuka parla dell'epoca a venire e di quanto materialistica essa sarebbe stata. In questo passaggio, egli elenca una lunga serie di predizioni. Leggendole, è scioccante constatare quante di esse si siano già avverate, specialmente se consideriamo la religiosità dei tempi in cui il Bhāgavatam è stato scritto. Una delle affermazioni di Śuka sulla nostra era è la seguente:

snānam-eva prasādhanam |

"Il mero lavarsi renderà pronta una persona".

Śrīmad Bhāgavatam, 12.2.5

Il significato di questo verso è che, nel nostro tempo, solo poche persone hanno a cuore la purezza interiore e che si preoccupano solo di quella esteriore. Nessuno dà importanza a purificare e ripulire la mente, solo il corpo conta.

Amma dice che la nostra mente dovrebbe diventare come il telecomando della televisione, saldamente stretto nella nostra mano. Dovremmo avere, cioè, il totale controllo della mente, la capacità di reagire mentalmente in perfetta conformità a qualunque situazione. Se vogliamo riflettere su qualcosa, dobbiamo saperlo fare con concentrazione, che sia per cinque minuti o per cinque ore. Se vogliamo ricordare qualche evento passato, dobbiamo essere in grado di farlo. E, cosa forse ancora più importante, dovremmo essere immediatamente capaci – come premendo un pulsante – di staccare la spina e rilassarci! Questo tipo di affinamento mentale è lo scopo della meditazione saguna. Dunque, il sentiero è chiaro: dalla relativa pazzia di una 'legione', al telecomando della mente.

La meditazione saguna non porta direttamente alla realizzazione del Sé. La realizzazione del Sé è esattamente questo – una *realizzazione*, un cambiamento permanente di comprensione. È la ferma consapevolezza che non siamo il corpo, le emozioni o l'intelletto, ma la pura, beata, eterna coscienza. Questo è qualcosa che Amma ci dice ogni giorno. Ella inizia ogni discorso pubblico dicendo: "Amma si inchina a ognuno di voi, la cui natura è l'amore divino e il Sé". Molti di noi hanno udito o letto migliaia di volte affermazioni circa la nostra divinità, eppure continuiamo a essere le stesse scorbutiche, irritabili e frustrate persone di sempre! Se questa conoscenza libera davvero, perché stiamo ancora soffrendo mentalmente? Amma stessa ci dà la risposta. Dice: "Figli, ciò che vi manca non è la conoscenza, ma la consapevolezza". Che cosa intende Amma per consapevolezza? Intende la capacità di non dimenticare mai, neppure nelle situazioni più stressanti e potenzialmente fatali, la verità su chi siamo. Come è detto nella Bhagavad Gita:

naiva kiṁcit-karomīti yukto manyeta tattvavit |
paśyañ-śṛṇvan-spṛśan-jighrannaśnan-gacchan-svapañśvasan
||
pralapan-visṛjan-ghṛṇannunmiṣan-nimiṣannapi |
indriyāṇīndriyārtheṣu vartanta iti dhārayan ||

"Persino mentre guarda, ascolta, tocca, odora, mangia, cammina, dorme, respira, parla, evacua, trattiene, apre e chiude gli occhi, il saggio rimane centrato nel Sé, sapendo che 'I sensi si muovono tra gli oggetti dei sensi, ma io non faccio assolutamente nulla'".

Bhagavad Gita, 5.8-9

Amma dice che questa è la consapevolezza che dobbiamo coltivare. La maggior parte di noi può capire intellettualmente il Vedānta, ma quando il corpo sperimenta dolore, dimentica la verità secondo la quale 'Io non sono il corpo'. La maggior parte di noi capisce intellettualmente di non essere le emozioni, ma quando qualcuno ci fa del male dimentica questa verità e perde le staffe. La maggior parte di noi può addirittura capire che il centro di quello che noi siamo è oltre i concetti intellettuali che entrano ed escono dalla nostra testa, ma quanti sanno mantenere questa consapevolezza tutto il giorno? In sostanza, il problema è essenzialmente dovuto a una carenza del nostro potere di consapevolezza, alla nostra incapacità di restare focalizzati su questo insegnamento mentre viviamo.

È attraverso le varie pratiche spirituali mentali che affiniamo il nostro potere di concentrazione che, una volta adeguatamente sviluppato, ci consentirà di mantenere la consapevolezza riguardo alla nostra vera natura nella vita quotidiana. Nel suo commentario sulla Chāndogya Upanishad, Ādi Śankarācārya definisce la meditazione saguna come "lo stabilire un flusso continuo di pensieri affini su argomenti presentati dalle scritture, senza che vi siano distrazioni da parte di altri pensieri". Śankara, poi, rivela che la realizzazione del Sé è anche il persistere di un mero pensiero: sapere che la nostra vera natura è la beata ed eterna coscienza. Egli dice che la sola differenza tra questo pensiero e gli altri sta nel fatto che il nostro dimorare costantemente in concetti inerenti alla nostra vera natura abolisce ogni senso di divisione tra noi, il mondo, le persone intorno a noi e Dio. Con l'abbattimento di tali divisioni crollano anche tutte le afflizioni che ne derivano, come la rabbia, la depressione, la solitudine, la gelosia e la frustrazione.

Il concetto di affinare la mente attraverso la meditazione saguna e poi usare tale mente raffinata per concentrarsi sugli insegnamenti delle scritture, è spiegato nella Mundaka Upanishad[3] attraverso la metafora dell'arco, della freccia e del bersaglio. In sostanza, l'Upanishad ci consiglia di affilare la freccia della mente attraverso la meditazione saguna e poi, usando il possente arco della saggezza spirituale costituito dalle Upanishad, farla arrivare al bersaglio: l'imperitura, onnipervadente e beata coscienza.

Anche la Gita definisce chiaramente il ruolo della meditazione saguna in versi simili:

tatraikāgram manaḥ kṛtvā yata-cittendriya-kriyaḥ |
upaviśyāsane yuñjyād-yogam-ātma-viśuddhaye ||

---

[3] Mundaka Upanishad, 2.1.4-5

"Seduto al suo posto, focalizzando la mente su un solo punto e controllando la facoltà di pensiero e i sensi, egli pratica lo yoga per la purificazione di sé".

Bhagavad Gita, 6.12

La meditazione saguna è un trampolino verso 'l'affilatura della freccia'. Proprio come il karma yoga, essa purifica il nostro equipaggiamento mentale. Per il fatto che il karma yoga e la meditazione saguna non portano direttamente alla realizzazione del Sé, dire che non sono importanti sarebbe folle. Sono *fondamentali*. Senza di essi, non saremo mai in grado di raggiungere lo scopo che inseguiamo.

Forse il momento della *pūja* (adorazione) che preferiamo è mangiare il *prasād* (l'offerta consacrata), ma senza i passi precedenti – l'invocazione, le offerte, le preghiere, l'*ārati*, ecc. – il prasād in realtà non sarebbe affatto prasād, ma semplice cibo. In modo simile, otterremo il frutto della conoscenza soltanto se prima avremo fatto i passi necessari. Amma paragona spesso questi passaggi alla pulizia del recipiente (la mente), prima di aggiungere il latte (la saggezza). "Se versiamo del latte in un recipiente sporco, il latte andrà a male", dice Amma. "Dobbiamo pulire il recipiente prima di versarci il latte. Coloro i quali desiderano elevarsi spiritualmente devono per prima cosa purificare se stessi. Purificare la mente significa eliminare i pensieri negativi e inutili, e ridurre l'egoismo e i desideri".

Alcuni affermano di non essere interessati alla meditazione saguna e che affineranno il loro potere di concentrazione tramite pensieri riguardanti la loro vera natura. Śankara però afferma che, almeno all'inizio della vita spirituale, è preferibile migliorare il nostro potere di concentrazione con la meditazione saguna, poiché la contemplazione su qualcosa privo di nome o forma è estremamente sottile e quindi molto difficile. A meno che la mente non sia adeguatamente raffinata, i tentativi di contemplare la realtà senza forma spesso finiscono soltanto nel sonno o nel torpore, mentre le meditazioni saguna – la concentrazione su una forma o sul nome di Dio, sul respiro o su certi punti del corpo, ecc. – sono relativamente facili. Perciò, finché il nostro potere di concentrazione non sarà perfetto, potremo usare questi tipi di meditazione per migliorarlo. Come vedremo nel capitolo nono, quando si è pronti, si suppone che la meditazione nirguna (la meditazione sul Sé privo di forma) avvenga *costantemente*, perfino mentre si cammina, si parla, si mangia, si sta seduti, ecc. Saputolo, è molto rilevante l'istruzione di Amma di non riservare del tempo solo al mantra japa formale (cioè seduti con gli occhi chiusi), ma anche di cercare di ripeterlo "a ogni respiro". Infatti, questo preparerà la nostra mente a quella meditazione nirguna costante, che arriverà come pratica spirituale finale.

Śankara dice anche che, mentre la nostra mente si affina sempre più con le meditazioni saguna, queste possono lasciarci "intravedere la realtà del Sé". Tali apparizioni ci colmeranno di ispirazione per perseverare nelle nostre pratiche con intensità ed entusiasmo crescenti.

Gli yoga sutra

La maggiore autorità riguardo alla meditazione saguna è stato forse il saggio Patañjali, l'autore degli Yoga Sūtra, i quali delineano passo-passo un processo per ottenere successo nella meditazione. È proprio da questi *sūtra* (aforismi) che deriva la famosa espressione *'astanga yoga'* (lo yoga degli otto passi). Secondo Patañjali, la meditazione deve essere affrontata in otto fasi consecutive: *yama, niyama, āsana, prāṇāyama, pratyāhāra, dhārana, dhyāna* e quindi *samādhi*. Rispettivamente: proibizioni, adempimenti, posture, controllo del respiro, ritiro dei sensi, concentrazione mentale, concentrazione mentale ininterrotta e assorbimento.

Yama

Secondo Patañjali, se vogliamo che la pratica meditativa sia coronata da successo, per prima cosa dobbiamo essere sicuri di seguire i cinque yama e niyama, le proibizioni e gli adempimenti specifici. Gli yama, le proibizioni, sono *ahimsa, satya, asteya, brahmachārya* e *aparigraha*. Ahimsa significa 'non violenza'. Per avere successo nella meditazione dobbiamo evitare la violenza: questa è una delle regole più importanti da seguire per tutti gli esseri umani. Tranne poche eccezioni, dobbiamo sempre evitare di ferire qualcuno. Questo è fondamentale non solo per la crescita armoniosa della società, ma anche per la nostra crescita interiore. La verità suprema proclamata dai saggi è che, in essenza, tutti siamo uno. Se vogliamo realizzare questa verità, dobbiamo cominciare a trattarci reciprocamente come una sola cosa. C'è forse qualcuno che ferirebbe se stesso intenzionalmente? E se questa ragione non fosse sufficiente per astenersi dalla violenza, c'è sempre il fatto che, per la legge del karma, le nostre azioni violente ci verranno restituite.

Se vogliamo vivere una vita basata sulla non violenza, occorre affrontare la questione su tre livelli: la violenza fisica, la violenza verbale e la violenza mentale. Se nel traffico qualcuno ci taglia la strada e per ripicca noi cerchiamo di buttarlo fuori strada, questa è violenza fisica. La maggior parte di noi è probabilmente capace di trattenersi (ma quanti di noi danno un pugno al volante dopo un simile episodio? O addirittura fanno qualche gesto 'amorevole'?). La violenza verbale è gridare ai quattro venti certe espressioni colorite. La violenza mentale è la forma più sottile di violenza e perciò più difficile da superare. Si tratta di un qualsiasi pensiero malvagio – immaginare una violenza fisica o verbale contro qualcuno. Tolleriamo spesso la nostra *himsa* (violenza) mentale perché pensiamo non abbia effetti negativi, ma se la lasciamo senza controllo alla fine si manifesterà a livello verbale o fisico. Come Amma ha detto nel suo discorso al Summit Mondiale per la Pace del Nuovo Millennio, tenuto nel 2002 a New York, presso l'Assemblea Generale delle Nazioni Unite: "Trasferire semplicemente le armi nucleari del mondo in un museo non porterà la pace nel mondo. Prima bisogna eliminare le armi nucleari della mente".

Il secondo yama è satyam: dire la verità, o non mentire. Dobbiamo dire solo la verità, certamente, ma prima di farlo è necessario considerare chi ne sarà aiutato e chi, invece, ne rimarrà ferito. Se le persone beneficiate sono più numerose di quelle danneggiate, possiamo parlare, ma se sono più numerose quelle ferite sarà meglio tacere. Come dice Amma: "Solo perché una persona assomiglia a una scimmia, non è il caso di andarglielo a dire". Se non è di aiuto a qualcuno, probabilmente non vale la pena parlare e dovremmo tenere a freno la lingua. Non c'è bisogno di aggiungere rumore all'inquinamento acustico che già infesta il pianeta. La verità fa parte della natura umana e quando mentiamo andiamo contro la nostra vera natura, come se introducessimo una impurità nel nostro organismo.

Il terzo yama è asteya: non rubare. Un bel detto asserisce che l'unico peccato sia rubare. Quando uccidiamo, rubiamo il diritto alla vita a qualcuno. Quando mentiamo, rubiamo il diritto di qualcuno alla verità. Quando inganniamo, derubiamo una persona del diritto alla lealtà. Il furto si verifica ogniqualvolta acquisiamo qualcosa con mezzi illeciti. Rubare è un tabù universale. Perfino il ladro sa che è sbagliato, altrimenti non si preoccuperebbe di essere rapinato da un suo collega ladro!

Lo yama successivo è brahmachārya. Brahmachārya è generalmente considerato come celibato, ma il celibato totale non è richiesto in tutti i settori della società. Quindi, possiamo definire brahmachārya come l'astenersi da qualsiasi comportamento sessuale inadeguato al proprio posto nella società. Questo varia da cultura a cultura. Certamente, ai *brahmachāri* (discepoli studenti) e ai *sannyasi* (monaci) è proibita qualsiasi attività di questo tipo. Non c'è alcun male che le coppie sposate manifestino affetto fisico reciproco, ma devono riservare tale affetto soltanto al loro coniuge.

In verità, Amma afferma che ci si dovrebbe sposare per superare il proprio desiderio, non per rimanerne impantanati. L'ultimo yama è aparigraha: non accumulare. Va bene possedere delle cose ma, ancora una volta, senza superare certi limiti. In generale, Amma ci dice di vivere con il minimo, limitando in particolare i beni di lusso. Amma chiede spesso alle donne di provare a ridurre il numero di abiti che comprano ogni anno, e agli uomini di rinunciare alle sigarette e all'alcool. Il denaro così risparmiato, aggiunge Amma, potrà essere donato in beneficenza.

Questi cinque yama sono valori umani fondamentali e, in effetti, dovrebbero essere seguiti da tutti, non solo da chi medita. Ma nella prospettiva di raggiungere un buon risultato nella meditazione hanno particolare importanza. Se infrangiamo uno qualunque dei primi quattro yama – non violenza, sincerità, non rubare, fedeltà – generalmente creiamo nella mente una profonda impressione, che si ripresenterà durante i nostri tentativi di meditazione, ostacolando il conseguimento della concentrazione su un solo punto. Ciò potrà manifestarsi come il rimorso di una coscienza colpevole, o semplicemente come il riemergere della memoria. L'ultimo yama, aparigraha, disturba la mente perché, quando accumuliamo cose, consentiamo ai nostri desideri di agire incontrollati. Durante i nostri tentativi di meditazione, questo si manifesterà sia come paura di perdere quello che abbiamo accumulato, sia come desiderio di accumulare di più.

Niyama

Abbiamo poi i cinque niyama: gli adempimenti che i praticanti della meditazione devono rispettare. Il primo è *śaucam*, la pulizia. Le scritture dicono che dobbiamo mantenere puliti il nostro corpo, gli abiti e l'ambiente fisico. La mancanza di pulizia non è soltanto malsana per noi e per gli altri, ma disturba anche la mente. Scopriamo che ci distraiamo facilmente quando l'area in cui lavoriamo è in disordine. Al contrario, più ordine c'è, più la nostra mente riesce a concentrarsi. Per la maggior parte delle persone la mente non può essere organizzata se non lo è prima l'ambiente, perciò, prima di sederci a meditare, è meglio assicurarci che questo sia pulito.

Il secondo niyama è *santosam*: contentezza. Amma dice che la contentezza è una qualità mentale. Non possiamo sempre rendere il mondo esterno conforme ai nostri desideri o avversioni, ma il mondo interiore deve essere sotto il nostro controllo. Se si vuole riuscire a meditare, è fondamentale ripromettersi di essere felici qualunque cosa capiti nella vita. Ciò non significa che non si debba lottare per il successo o il cambiamento. Dobbiamo sforzarci di eccellere nella nostra professione e laddove abbiamo deciso di impegnarci, senza tuttavia associare la nostra pace mentale al successo o al fallimento. Lavoriamo sodo, ma cerchiamo di essere contenti sia in caso di successo, sia di fallimento. Santosam va di pari passo con lo yama aparigraha in quanto, se impariamo a essere appagati col minimo, riducendo i lussi, saremo in grado di usare il resto delle nostre risorse per il bene della società.Coltivare l'appagamento è importante perché se analizziamo veramente la mente umana, vedremo (come analizzato nel quinto capitolo) che nessuno potrà mai raggiungerlo grazie ai propri beni. Per quanto uno abbia, vorrà sempre di più. Non appena otteniamo un aumento di stipendio, cominciamo a pensare al prossimo. Il deputato vuole diventare senatore, il senatore presidente e il presidente vuole governare il mondo. Quando arriveremo a comprendere questa verità, inizieremo a cercare di sviluppare un appagamento non basato sul denaro o sui beni. Una mente che non sia almeno relativamente contenta non sarà mai in grado di concentrarsi nella meditazione.

Il terzo adempimento è *tapas*, austerità. È solo attraverso le austerità che siamo in grado di tenere sotto controllo la mente e gli organi di senso. Quando non poniamo limiti a noi stessi, diventiamo come un bambino lasciato libero in un negozio di caramelle, col risultato di avere un grande disordine e un bambino con l'indigestione! Allo stesso modo, quando l'uomo è privo di autocontrollo, finisce solo per danneggiare la società e se stesso.

In India c'è un detto divertente: "Lasciate libere le capre e trasformeranno il cortile in un caos; legatele a un palo e puliranno per bene la zona". Solo con l'astensione otteniamo vera forza mentale. Questo è il significato di tutti i voti che si fanno nella vita religiosa. Amma raccomanda di scegliere un giorno alla settimana da trascorrere in digiuno e in silenzio. Quando sappiamo di poter fare a meno di qualcosa, esso non avrà più alcun controllo su di noi. Durante la meditazione vogliamo essere concentrati al cento per cento su un unico oggetto mentale e finché non avremo ottenuto una quantità sufficiente di controllo sulla nostra mente e sugli organi di senso, rifiutando di cedere ai loro desideri, non saremo mai capaci di concentrarci nella meditazione vera e propria.

Il quarto niyama è *svādhyāya*, che letteralmente significa 'studio di sé'. Studiare le scritture e le parole del guru non è un'attività volta all'esterno. Il guru e le scritture sono lo specchio con cui guardarci dentro e vedere chi siamo veramente. Amma dice che un ricercatore serio deve trascorrere del tempo a studiare ogni giorno le scritture e gli insegnamenti del guru. In effetti, questa è la prima istruzione che troviamo in Sādhana Pañcakam di Ādi Śankarācārya: *vedo nityam adhīyatām,* 'Che voi possiate studiare quotidianamente le scritture'. Solo studiandole, arriveremo a conoscere la meta suprema della vita e il modo di raggiungerla. Inoltre, non possiamo meditare né capire il posto della meditazione nel sentiero spirituale senza prima imparare queste cose da una fonte appropriata – che si tratti di Amma o delle scritture tradizionali.

L'adempimento finale è *īśvara pranidhānam* – la resa a Dio. Questo significa compiere tutte le azioni come un'adorazione del Signore. In essenza, indica l'attitudine del karma yoga, poiché nel karma yoga noi offriamo le nostre azioni al Signore e accettiamo qualunque risultato come *prasād*. Come già detto nel quinto capitolo, è applicando l'atteggiamento del karma yoga che superiamo le nostre preferenze e avversioni. Finché non otterremo un controllo su di esse, non potremo mai avere una mente sufficientemente quieta per sedere concentrati in meditazione.

Asana

Il passo successivo nel sistema di Patañjali è āsana. Āsana significa 'postura' o 'posto'. Prima di iniziare la nostra meditazione, dobbiamo assicurarci di poter sedere stabilmente in una postura corretta. Proprio come Krishna consiglia ad Arjuna nel sesto capitolo della Gita, anche Amma ci suggerisce sempre di sedere diritti e immobili con la colonna vertebrale, il collo e la testa allineati. Inoltre, ci raccomanda di tenere il mento leggermente sollevato. Possiamo posare le mani in grembo o sulle cosce, con i palmi rivolti all'insù. Sedere in questa posizione alleggerisce i polmoni dal peso del petto e consente al respiro di essere leggero e calmo per tutta la meditazione. La posizione delle mani e la colonna vertebrale eretta aiutano inoltre il corretto fluire verso l'alto del *prāna* (energia), favorendo così la meditazione.

Ci si può sedere in una qualsiasi posizione confortevole, con le gambe semplicemente incrociate, o nel mezzo-loto o, se possibile, in *padmāsana* (loto completo). Non deve esserci tensione, perciò non forzatevi di mantenere una posizione da cui sarà difficile alzarvi! Non ha senso sedere in una posizione che ci costringerà a meditare sulla scomodità. Va senz'altro bene anche sedere su una sedia, se necessario, evitando però di appoggiarci allo schienale, perché ciò induce facilmente al sonno. Nella Gita, Krishna dice che il cuscino o il materassino su cui sediamo non devono essere troppo soffici né troppo rigidi. Non è raccomandato neppure sedere direttamente sul pavimento o sulla terra senza alcun tipo di materassino o tappetino. I maestri di meditazione affermano che, proprio come un circuito elettrico perde potenza se messo a terra, così pure l'energia del corpo è indebolita quando il corpo è a contatto diretto col suolo.

La parola āsana può anche riferirsi alle āsana dell'*hatha-yoga*, cui generalmente si pensa quando si sente la parola 'yoga'. Una regolare pratica dell'hatha-yoga è un modo eccellente per mantenere salute e vitalità, ma dobbiamo essere certi di imparare da un vero maestro di hatha-yoga, perché gli esercizi sono molto sottili e possono avere delle conseguenze indesiderate se eseguiti scorrettamente. Dobbiamo sottolineare, inoltre, che nel contesto del sistema astānga di Patañjali, l'hatha-yoga non è un fine in sé, ma è piuttosto inteso come una preparazione alla meditazione seduta. Esso rilassa il corpo affinché possa sedere correttamente per la durata prevista della meditazione, stimola il flusso del prāna e volge a poco a poco la mente all'interno. Questo è l'obiettivo di tutte le āsana della Tecnica IAM® di Amma.

Prānāyāma

Dopo āsana, il passo successivo è prānāyāma, che significa 'controllo del respiro'. Come l'hatha yoga, il prānāyāma ha effetti estremamente sottili e può essere dannoso se non viene eseguito correttamente sotto la diretta guida di un maestro esperto. Al giorno d'oggi, molti individui e istituzioni insegnano tecniche molto sottili di prānāyāma a chiunque sia disposto a pagare. Amma ritiene che ciò sia molto pericoloso e mette spesso in guardia le persone in merito a questo problema. Un semplice prānāyāma può essere praticato quasi da tutti[4], ma un prānāyāma impegnativo e prolungato è tradizionalmente prescritto su base individuale, secondo la capacità fisica e vitale e l'abilità di controllo di ciascuno. Amma ci avverte di essere particolarmente attenti a non trattenere forzatamente il respiro sia dopo l'inspirazione sia dopo l'espirazione e dice: "In passato, quando il guru stava per iniziare qualcuno al prānāyāma, lo invitava a procurarsi una fibra del

---

[4] Persone con problemi cardiaci, asma, alta pressione sanguigna o in stato di gravidanza devono consultare il loro medico.

guscio di una noce di cocco, o anche un filo d'erba o un cordoncino che poi poneva sotto il naso del discepolo. Quindi osservava i differenti aspetti del suo respiro: forza, durata, lunghezza e natura del flusso da ciascuna narice. Solo dopo prescriveva il metodo adatto, la durata e il numero di ripetizioni".

Nelle tecniche di meditazione insegnate da Amma, vediamo che lei non consiglia il prānāyāma. Eccetto un prānāyāma brevissimo e rinvigorente all'inizio della Tecnica IAM®, Amma suggerisce soprattutto prāna vīksana, la respirazione normale fatta con consapevolezza. Infatti, questo è il fulcro della tecnica Mā-Om. I respiri devono essere regolari e fluidi. Nella meditazione Mā-Om, Amma associa l'inspirazione alla recitazione mentale del bījāksara (sillaba seme) mā, e l'espirazione alla recitazione mentale di om. Questo tipo di prānāyāma è conosciuto come *sagarbha prānāyāma* – letteralmente, prānāyāma 'impregnato' di mantra. Se consideriamo che le tecniche di meditazione insegnate da Amma sono giunte a lei intuitivamente, è sorprendente vedere quanto perfettamente si allineino con le pratiche delle varie scritture tradizionali. Tali fatti sono realmente una prova dell'affermazione che un satguru è una scrittura vivente.

Nel sistema di Patañjali, il prānāyāma, esattamente come l'āsana, non costituisce un fine di per sé, ma è un passo volto a dirigere pian piano la mente sempre più all'interno. L'hatha yoga è praticato focalizzando la mente sul corpo esteriore. Nel prānāyāma, il centro della nostra attenzione diventa più sottile – la forza vitale *all'interno* del corpo. In questo modo, vediamo che Patañjali ci porta sistematicamente e gradualmente verso l'interno, passo dopo passo, incrementando così la sottigliezza della pratica e, di conseguenza, il suo impatto.

Pratyāhāra

Il passo successivo è pratyāhāra, il ritiro dei sensi. Ce lo dice il buon senso: non possiamo iniziare a concentrarci su qualcosa di mentale se siamo ancora attivamente in contatto col mondo esterno attraverso gli occhi, le orecchie, il naso, la lingua e la pelle. Possiamo chiudere gli occhi, e molto probabilmente astenerci dal mangiare durante la nostra pratica. Tuttavia, se siamo disturbati dai sensi del tatto, dell'odorato e dell'udito, per noi meditare sarà difficile. Ecco perché le scritture ci insegnano a meditare in solitudine, anche se relativa, o al mattino presto, quando il resto del mondo dorme. Il luogo deve essere pulito. I posti sporchi hanno spesso cattivo odore e forse anche insetti, eterni nemici del meditante! In tal modo possiamo frenare la tendenza naturale degli organi di senso all'estroversione, consentendo alla mente di concentrarsi sull'oggetto di meditazione prescelto.

Amma però dice che dobbiamo sviluppare la capacità di meditare in qualunque ambiente. Quando mi unii all'ashram, all'inizio, gli abitanti del villaggio avevano l'abitudine di far macerare mucchi di gusci di noci di cocco nelle backwaters (lagune e canali che costeggiano il mare lasciando scoperte strisce di terra abitabili). L'acqua salata aiuta la decomposizione dei gusci, rendendo più facile separare le fibre che poi verranno intrecciate e trasformate in corde. Bene, lasciate che ve lo dica, poche cose puzzano più di un mucchio di noci di cocco putride! E il rumore delle donne che battevano i gusci era un assalto ai sensi ancora peggiore! Eppure Amma voleva che sedessimo nelle vicinanze e meditassimo per un paio d'ore di seguito. Lei ritiene che non si debba rimandare la meditazione in mancanza di quiete o di 'posti adatti'. Quando arriva il momento della nostra meditazione programmata, dobbiamo essere capaci di ritrarre la mente e concentrarci, indipendentemente da dove ci troviamo. Chiedendoci di meditare vicino ai gusci in decomposizione, Amma ci stava aiutando a sviluppare questa capacità.

Dhārana

Il passo successivo è dhārana, la concentrazione mentale. Qui, il concetto è semplicemente di applicare la mente sgombra all'oggetto prescelto, che può essere l'immagine mentale di un dio, di una dea o di un guru. Può essere il nostro respiro o il mantra. Può essere un punto del nostro corpo. I Veda elencano centinaia di oggetti simili per la nostra meditazione[5]. Può trattarsi di qualunque oggetto, ma le scritture ci dicono che dovremmo fare in modo di connetterlo col divino. Questa è la ragione per cui nella meditazione Mā-Om, Amma non dimentica mai di affermare che il suono *om* è un simbolo della luce divina (cioè la coscienza) e che il suono *mā* è un simbolo dell'amore divino. Questo non significa che durante la meditazione dobbiamo pensare alla coscienza o all'amore divino, ma semplicemente concentrare la nostra mente sul respiro, associandolo ai suoni *mā* e *om*, di cui abbiamo rappresentato il significato con un sankalpa (risoluzione).

Dhyāna

Dhārana è avere semplicemente un pensiero. Il passo successivo, dhyāna, è l'effettiva continuazione di quel pensiero. Come dice Śankara: "Stabilire un flusso continuo di pensieri affini su un argomento indicato dalle scritture, senza che vi siano distrazioni da parte di altri pensieri". Allo stadio di dhyāna, la mente mantiene un solo pensiero, ma unicamente grazie al nostro sforzo. È una lotta.

Sono sicuro che tutti abbiamo avuto esperienze simili a quella che sto per dirvi: siamo seduti in meditazione, cercando di concentrarci mentalmente sulla forma, per esempio, della Devi. Ci focalizziamo sulla sua corona, sui suoi capelli, poi sul suo *sāri*... Vedendo il sāri nella nostra mente pensiamo '*Oh, il sāri della Devi è così bello. Un bellissimo blu intenso... blu come il*

---

[5] Prevalentemente nelle sezioni chiamate *aranyaka*.

mare... Ed ecco che la nostra mente subdola entra in ballo: *Ricordo l'estate scorsa quando sono stato in crociera in Venezuela...* E poi cominciamo a pensare al ristorante in cui abbiamo mangiato e poi a qualche persona simpatica incontrata... *Quel ragazzo al ristorante aveva un gran bell'orologio... Oh, ho davvero bisogno di un orologio nuovo... Potrei andare al centro commerciale domani... L'ultima volta che ci sono stato, ho litigato con mia sorella Devika...* Oops! All'improvviso ci ricordiamo che dovevamo meditare sulla Devi.

La mente è questo: un flusso di pensieri. Normalmente, il flusso è totalmente incontrollato, una mera corrente di pensieri basata su associazioni mentali e *vāsana* (tendenze mentali). Con la pratica possiamo sviluppare la capacità di incanalare questo flusso di pensieri verso un solo oggetto, come le rotaie fanno col treno, assicurandoci di restare in corsa e di arrivare alla destinazione voluta. A mano a mano che il nostro potere di consapevolezza aumenta, aumenta anche la nostra capacità di afferrare la mente se cambia direzione. Quando siamo in grado di limitare considerevolmente la nostra attenzione all'oggetto mentale prescelto, stiamo praticando dhyāna.

Samādhi

Il culmine della meditazione saguna è detto samādhi, l'assorbimento completo e senza sforzo nel nostro pensiero prescelto. Qui la mente fluisce liberamente, secondo l'immagine tradizionale della fiamma non vacillante di una lampada a olio che brucia in un contenitore di vetro. Fino a questo stadio di meditazione ci sono sempre due presenze: il meditante e l'oggetto della meditazione. Nel samādhi, invece, il meditante dimentica completamente se stesso e l'oggetto della meditazione diventa la sua unica realtà esistente. Questo è il culmine della meditazione saguna. Anche nella nostra vita quotidiana, in certi momenti, guardando la televisione o un film, siamo così presi da ciò che accade da dimenticarci completamente di noi stessi. E due ore passano senza che ce ne accorgiamo! Ovviamente, la differenza tra guardare la TV e meditare sta nel fatto che la naturale tendenza inferiore della mente e degli organi di senso è di rivolgersi all'esterno, mentre, meditando, li alleniamo ad andare all'interno. Detto questo, abbiamo tutti sperimentato momenti nei quali ci siamo perduti in un pensiero, forse in un concetto intellettuale o in un sogno a occhi aperti, ma, finché la nostra concentrazione è involontaria, non porterà mai al raffinamento mentale che stiamo cercando attraverso la meditazione saguna.

È importante sottolineare che il samādhi in meditazione non deve essere confuso con la realizzazione del Sé. La realizzazione del Sé è un cambiamento nella nostra comprensione, attraverso cui arriviamo a capire che la nostra vera natura, la natura del mondo che ci circonda e la natura di Dio, sono in essenza beata, eterna coscienza. Questa esperienza è detta advaitica – non duale – perché vediamo una volta per tutte che la sola cosa esistente all'interno e all'esterno è coscienza. Questa comprensione è permanente e resta con noi sia quando siamo seduti in meditazione a occhi chiusi, sia quando mangiamo o dormiamo o camminiamo o parliamo. Nel samādhi di Patañjali, l'esperienza della beatitudine è dovuta alla concentrazione della mente su un solo punto. Focalizzata su un punto, la mente diventa così immobile da far risplendere la gioia del Sé attraverso il bagaglio mentale che normalmente la oscura. In tal modo otteniamo, come dice Śankara, 'una fugace visione della realtà del Sé'. Ma alla fine della meditazione, quando riapriamo gli occhi, il mondo dualistico ritorna, la fugace visione termina e si continua a essere la stessa persona, con tutte le sue negatività. Per questo si dice che la beatitudine permanente deriva soltanto dalla conoscenza. La sorgente dell'equivoco secondo il quale il samādhi in meditazione è la realizzazione del Sé, sta nel fatto che anche quest'ultima è chiamata 'samādhi'. Tecnicamente, comunque, la realizzazione del Sé è detta *sahaja samādhi*, il 'samādhi naturale' sorto dalla comprensione che tutto è uno. Si tratta effettivamente di un concetto piuttosto bello e affascinante. Nel samādhi meditativo, limitiamo la mente a un solo pensiero e come risultato sperimentiamo la beatitudine. Nel sahaja samādhi capiamo che tutto ciò che vediamo e pensiamo è veramente uno in essenza e per questo proviamo gioia. Nel primo caso riduciamo la pluralità all'unità grazie alla disciplina, nel secondo la riduciamo all'unità per mezzo della comprensione. Il samādhi meditativo è transitorio, finisce al termine della meditazione, il samādhi fondato sulla comprensione, invece, una volta raggiunto, non ha fine.

Amma dice spesso che la maggior parte delle persone, durante una meditazione di un'ora, raggiunge un minuto o due di reale concentrazione. E aggiunge che la vera meditazione non è semplicemente sedere a occhi chiusi, ma "uno stato di ininterrotta concentrazione, come un flusso senza fine", ovvero il samādhi di Patañjali. Ma va bene lo stesso, dice Amma. Il nostro potere di concentrazione crescerà col tempo e con la pratica. Amma lo spiega sovente con questo esempio: "Supponiamo di mettere dell'acqua sul fuoco per fare il tè. Se qualcuno ci chiede cosa stiamo facendo, rispondiamo che stiamo facendo il tè ma, in verità, l'acqua si sta solo riscaldando, siamo all'inizio del procedimento; non abbiamo ancora aggiunto le foglie di tè, il latte o lo zucchero. Eppure rispondiamo che stiamo facendo il tè. In modo simile, diciamo che stiamo meditando, ma siamo solo all'inizio: non abbiamo ancora raggiunto lo stato della vera meditazione".

Altre pratiche spirituali

Lo scopo della maggior parte delle pratiche spirituali è di aumentare il nostro potere di concentrazione. La differenza tra la meditazione e le altre pratiche è che la meditazione è un'attività puramente mentale; la concentrazione sull'oggetto della meditazione deve essere raggiunto solo con la mente, mentre nelle altre pratiche dobbiamo contare sull'aiuto dei diversi organi di senso.

Per esempio, Amma raccomanda vivamente la recita quotidiana del Lalita Sahasranāma – I Mille Nomi della Madre Divina. In questa pratica, non solo *pensiamo* ai mantra, ma li ripetiamo anche ad alta voce, coinvolgendo così sia il *karmendriya* (organo di azione) della lingua sia il *jñānendriya* (organo di cognizione) dell'orecchio. Inoltre, possiamo leggere i mantra, implicando l'organo della vista. A ogni mantra salmodiato, alcuni aggiungono il gesto che simula l'offerta di petali di fiori, avvalendosi anche del supporto dell'organo di azione delle mani. Più sono gli organi di senso interessati, più facile sarà raggiungere la concentrazione su un solo punto. Il canto dei *bhajan* funziona secondo lo stesso principio. Ecco perché molte persone che hanno difficoltà a concentrarsi su un punto in meditazione, preferiscono ripetere i mantra o cantare i bhajan. La regola generale è questa: più numerosi sono i sensi coinvolti, più facile sarà essere concentrati. Ma, meno sensi usiamo, più potente sarà la pratica.

Per capire questo, è utile pensare a una persona che fa esercizio fisico. Più muscoli usa per sollevare un peso, più facile sarà. Ma, al tempo stesso, meno muscoli impiega per alzare quel peso, maggiore sarà il vantaggio che questi riceveranno dall'allenamento. Nelle pratiche spirituali non siamo, in verità, interessati a migliorare il potere del nostro udito, della nostra vista, ecc. Vogliamo rafforzare la mente e perciò, minore sarà il numero degli organi di senso coinvolti, più la mente sarà allenata. Per questo motivo Ramana Maharsi scrisse nel suo trattato Upadeśa Sāram:

uttama stavāducca mandataḥ |
cittajaṁ japa-dhyānam-uttamam ||

"La ripetizione a voce alta è meglio che elogiare. Meglio ancora è mormorare sommessamente. Ma il massimo è la ripetizione mentale; questa è vera meditazione".

Upadeśa Sāram, 6

Questo è l'identico consiglio che ci dà Amma quando riceviamo il *mantra dīksa* (iniziazione) da lei: "All'inizio ripeti il mantra in modo tale che solo tu puoi sentirne il suono. Quando avrai imparato a farlo con concentrazione, allora ripetilo muovendo le labbra, come un pesce, e una volta acquisita sicurezza, prendi l'abitudine di ripeterlo solo mentalmente". Possiamo interpretare queste parole in due modi. 'Inizio' può indicare il periodo immediatamente successivo alla nostra iniziazione al mantra, oppure l'inizio della nostra pratica quotidiana di mantra-japa. Dunque, in generale, mentre avanziamo nel macrocosmo della nostra vita, dovremmo cercare di rendere sempre più raffinate e sottili le nostre pratiche spirituali e, contemporaneamente, questo si riflette nel microcosmo della nostra pratica giornaliera.

Proprio come ripetere un mantra mentalmente è più potente che ripeterlo oralmente, così si dice che salmodiare uno stesso mantra molte volte sia più potente che recitare una serie di mantra diversi. Questo perché la natura della mente è un flusso. È sempre alla ricerca di qualcosa di nuovo. Quando ha spremuto il succo da una cosa, ne cerca una nuova. Più limitiamo la mente, meno le consentiamo di seguire questa sua natura estroversa. Compiere tutte queste pratiche è come applicare dei freni alla mente, costringendola ad andare verso una direzione scelta *da noi*. Prima non avevamo la situazione sotto controllo. Come dice Amma, eravamo "una coda che dimenava il cane". Quando applichiamo questi freni si produce calore. Il calore è un segno che la mente si sta purificando. Non è una coincidenza che in sanscrito la parola per indicare 'calore' e quella per 'austerità' sia la stessa: tapas. Questo non significa che chiunque ami ripetere il mantra a voce alta debba smettere di farlo. Dobbiamo essere introspettivi, valutare onestamente il nostro livello e poi procedere, cercando di intensificare nel tempo le nostre pratiche.

Detto ciò, Amma afferma che c'è un beneficio speciale nel ripetere il Lalita Saharsanāma a voce alta. Quando è recitato con il ritmo appropriato, è quasi una forma di prānāyāma, che regola il respiro senza sforzo e quindi rilassa e purifica il corpo e la mente.

Ostacoli nella meditazione

La meditazione è una delle pratiche spirituali più sottili. Per qualcuno è fonte di grande beatitudine, per altri di grande frustrazione. La maggioranza oscilla tra questi due estremi. Nel suo commentario sulla Màndūkya Upanishad, il grande guru di Ādi Śankarācārya, Śrī Gaudapādācārya, nomina quattro precisi ostacoli alla meditazione e anche i loro rimedi. Gli ostacoli sono *laya, viksepa, kasāya* e *rasāsvada*.

Laya significa sonno. La maggior parte di noi conosce fin troppo bene questo problema, specialmente quando siamo agli inizi della pratica della meditazione. È una cosa naturale. Per una vita intera abbiamo associato gli occhi chiusi e il rilassamento al sonno. Improvvisamente ora vogliamo chiudere gli occhi e restare svegli e così ci ritroviamo spesso a russare! Per superare questo ostacolo, dobbiamo guardare alla causa del sonno.

Generalmente, dormire in meditazione può derivare da sonno insufficiente durante la notte, troppo cibo, esercizio fisico eccessivo o problemi di salute, come bassa pressione sanguigna, ecc. Riguardo a questo problema, Amma dice spesso alle persone di alzarsi e muoversi un po'. "Se vi sentite assonnati, alzatevi e camminate ripetendo il vostro mantra; così, *tamas* (la letargia) se ne andrà. Negli stadi iniziali della meditazione, tutte le vostre caratteristiche tamasiche verranno alla superficie. Se vigilate, spariranno a tempo debito. Quando sentite sonno, ripetete il mantra usando un *japa māla* (rosario)". Se il nostro oggetto di meditazione è un'immagine, Amma ci raccomanda di aprire gli occhi e focalizzarli sull'immagine esterna. Una volta che la sonnolenza passa, possiamo richiuderli e riprendere con la visualizzazione interiore.

Ricordo che i primi tempi dell'ashram, durante la nostra meditazione, Amma si sedeva con noi, tenendo accanto a sé un sacchetto di sassolini. Se qualcuno cominciava ad appisolarsi, Amma gli lanciava un sasso, e sempre con mira eccellente! Talvolta, vediamo che questo succede ancora durante i programmi di Amma. Poiché il *darshan* dura generalmente fino alle tre, le quattro del mattino, molte persone che meditano vicino ad Amma cominciano ad appisolarsi. Amma ha il suo modo unico per svegliarle: lancia loro qualche caramella come prasād.

Il secondo ostacolo è viksepa (agitazione). Qui la mente non è assonnata, al contrario: non riusciamo a concentrarci a causa dell'agitazione mentale. La radice dell'agitazione mentale è il desiderio. Come detto in precedenza, il desiderio proviene dalla confusione riguardo alla vera sorgente della felicità, ovvero dall'idea sbagliata che la sua origine siano gli oggetti sensoriali e non il Sé. Per rimuovere questo problema durante la meditazione, Gaudapāda raccomanda di riflettere sulla transitorietà degli oggetti che distraggono i nostri pensieri e su come, alla fine, ci portino solo dolore. Il consiglio di Amma è lo stesso: "Quando durante la meditazione sorgono dei pensieri indesiderati, dobbiamo pensare: 'O mente, c'è qualche beneficio nel nutrire questi pensieri? Hanno qualche valore?'. Riflettendo in questo modo, potremo allontanare i pensieri inutili. Dobbiamo giungere al distacco completo. La convinzione che gli oggetti sensoriali sono come veleno deve saldamente radicarsi nella nostra mente".

Poi segue kasāya. In kasāya, la mente non è sonnolenta, non è distratta dai pensieri, ma durante la meditazione non si è ancora raggiunto un profondo assorbimento meditativo perché i desideri permangono nella mente subconscia. Qui, il solo rimedio è essere testimoni di questo stato della mente e poi, quando i desideri latenti si affacciano alla superficie della mente conscia, rimuoverli tramite il pensiero discriminante.

L'ostacolo finale menzionato da Gaudapāda è rasāsvada, che letteralmente significa 'assaggio (*asvadana*) di beatitudine (*rasa*)'. Quando la mente è immersa nell'oggetto di meditazione, si sperimentano la pace e la gioia; quando ciò accade non dobbiamo lasciarci distrarre dal suo effetto inebriante, ma restare concentrati sul nostro oggetto di meditazione. Dobbiamo sempre ricordare l'intento che sta alla base della nostra pratica meditativa: affinare la mente. Infatti, la beatitudine che proviamo in quei momenti è realmente un riflesso della beatitudine del Sé, sperimentato nello specchio della mente. Verrà e se ne andrà secondo il nostro stato mentale. 'Assaggiare' la beatitudine non è il nostro obiettivo, dobbiamo andare oltre e realizzare la nostra identità come ātma, la vera fonte di tutte le esperienze di beatitudine. Come verrà illustrato in dettaglio nel nono capitolo, questa non è un'esperienza, ma un cambiamento nella comprensione. La meditazione saguna prepara la nostra mente a questo cambiamento, ma non lo crea di per sé. Esso deve pervenire con la conoscenza.

In effetti, Amma dice che ogni azione fatta con la giusta fermezza e la giusta attitudine può diventare una pratica spirituale se compiuta con consapevolezza. Camminare può diventare una pratica spirituale, e così parlare, mangiare o sbrigare le faccende domestiche. In definitiva ogni cosa, se intrapresa con concentrazione e consapevolezza della meta, può aiutare a raffinare la nostra mente.

L'intera vita di Amma è una dimostrazione di questo principio. Qualunque cosa lei faccia è svolta con tale cura e attenzione. A uno sguardo superficiale può non sembrare così, perché lei è sempre spontanea nelle sue azioni. Ma se guardiamo veramente, vedremo che tutto quello che Amma fa – i suoi sguardi casuali, i sorrisi spontanei, i gesti giocosi, perfino le lacrime – è compiuto con precisione, cura e concentrazione.

Ricordo una storia interessante che illustra questa verità. Nel 2003, il regista Jan Kounen venne all'ashram per realizzare un documentario su Amma. Era l'anno del 50° compleanno di Amma ed egli volle filmare le grandiose sessioni di darshan dei giorni della celebrazione. In occasioni simili, Amma può dare il darshan a duemila persone l'ora! Assistere a questi eventi è veramente una cosa speciale. Due file di persone, una proveniente dalla destra e una dalla sinistra di Amma: un duplice nastro trasportatore d'amore! Riflettendo su quello che aveva filmato, Kounen disse: "Andava così veloce! All'inizio, l'occhio non riesce a percepirlo, sembra tutto disorganizzato, sfocato, troppo rapido. Così decisi di filmarla al rallentatore, e solo allora cominciai veramente a vedere. 'No, non è così, c'è una tale grazia, una tale bellezza. Tutto è intenzionale. È come un balletto'". Come a dimostrare con quanta consapevolezza operi durante queste sessioni, Amma può fermarsi all'improvviso, afferrare una persona che viene al darshan e rimproverarla scherzosamente: "Ehi tu, mascalzone! Sei venuto due volte!". Solo Dio sa come, ma Amma ricorda ogni volto, anche in mezzo a una folla enorme.

Detto questo, dobbiamo ricordare che la mente di Amma è già più pura della purezza stessa. Lei non ha bisogno di raffinarla. Amma ha già raggiunto lo stato supremo. Lo stato meditativo delle sue azioni è il suo stato naturale e serve solo come esempio per ispirare il mondo a seguire le sue orme per elevarsi.

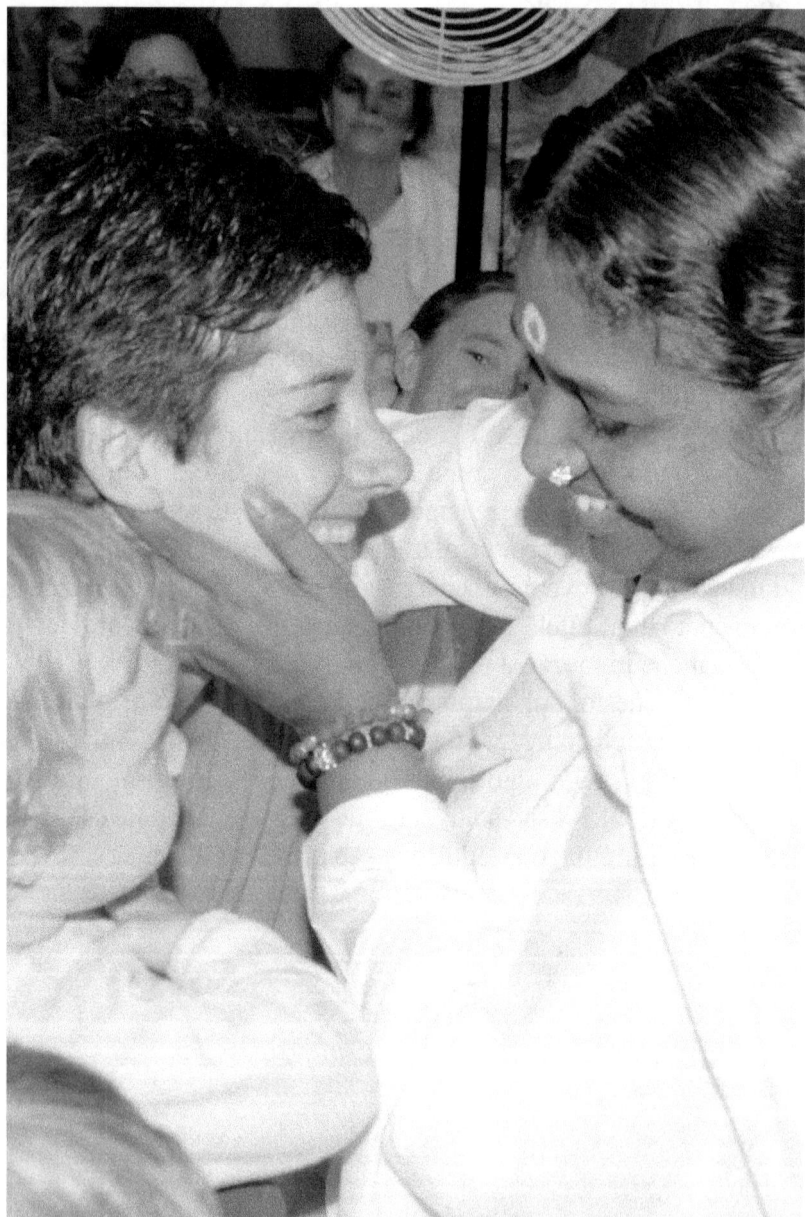

Capitolo Nove

Estirpare la radice del dolore

"L'oscurità non è qualcosa che può essere rimossa fisicamente. Il buio scompare automaticamente quando lasciamo entrare la luce. Allo stesso modo, quando albeggia la vera conoscenza, le tenebre dell'ignoranza si dileguano. Allora ci risvegliamo alla luce eterna".

—Amma

Il passo finale verso la liberazione è lo *jñāna yoga* – la conoscenza. Tutte le altre pratiche menzionate finora – *karma yoga*, meditazione *saguna*, espansione delle qualità divine, ecc. – in realtà non sono che fasi preparatorie allo jñāna yoga. Come già detto nei capitoli precedenti, il compito del karma yoga è di aiutarci a ridimensionare le nostre attrazioni e repulsioni, i pensieri che distraggono la nostra mente trascinandola da tutte le parti. La meditazione *saguna* ha il compito di accrescere il potere di concentrazione della mente. Per riassumere, se immaginassimo di compiere il viaggio spirituale su di un razzo, la meditazione sarebbe ciò che accresce la potenza del suo motore e il karma yoga ciò che lo rende più aerodinamico. In questa metafora manca una sola cosa: la destinazione. *Ātma jñāna* – la conoscenza del Sé – è la destinazione, e per raggiungerla dobbiamo intraprendere un viaggio molto strano. Strano, perché arriviamo alla meta soltanto quando comprendiamo che eravamo già lì! Questa affermazione da sola ci dimostra quanto sia sottile la conoscenza di ātma jñāna, e perciò quanto siano importanti i due perfezionamenti della mente generati dal karma yoga e dalla meditazione.

C'è una sola ragione che porta le persone alla spiritualità: non sono tanto felici quanto vorrebbero essere. In realtà, come abbiamo già detto, è il desiderio di felicità, o di maggiore felicità, o la paura di perdere la felicità di cui godiamo, che guida tutta la nostra vita. Abbiamo un lavoro perché sappiamo di aver bisogno del denaro per soddisfare almeno i nostri bisogni primari, il cibo, gli abiti e un riparo. Andiamo al cinema, ascoltiamo la musica e andiamo alla ricerca di relazioni umane perché crediamo che ci arricchiscano. Perfino la nostra adesione alla morale, ai codici sociali e alle azioni altruistiche mira a stabilire e mantenere un senso di pace e di pienezza interiore. Queste cose ci danno vari gradi di felicità temporanea, sempre però mista a tristezza. La maggior parte delle persone in questo mondo continua a vivere così, con la speranza di trovare un bel giorno, in qualche modo, la sistemazione perfetta per essere felici per sempre: la conquista dell'Eldorado. Oppure, semplicemente, 'si accontenta di essere scontenta'. Arriva a capire che la vita sarà sempre una combinazione di alti e bassi e decide di sopportare i 'bassi' per la gioia di 'alti' intermittenti.

Quasi tutti sono disposti ad accettare il 90 per cento di sofferenza per un misero 10 per cento di felicità. La cosa strana è che quelle stesse persone non accetterebbero mai una simile inefficienza in altre situazioni della vita. Potete immaginare di tenere un'auto che funziona soltanto un giorno su dieci? Il punto cruciale del problema sta nel fatto che in realtà esse non vedono altra scelta.

I maestri spirituali come Amma sono qui per farci sapere che un'altra scelta esiste: la conoscenza del Sé – la realizzazione della nostra vera natura. Ci dicono che soltanto scoprendo chi siamo veramente, otterremo tutta la felicità che ci aspettiamo dalla vita, poiché la felicità temporanea, la pienezza e la gioia che sperimentiamo esaudendo i nostri desideri, in effetti, provengono esclusivamente dall'interno. Se riusciremo a identificarci con quella sorgente, non conosceremo mai più una sola goccia di dolore.

E proprio ora posso con sicurezza figurarmi uno dei momenti più felici della vostra vita. Immaginate: sono le dieci di sera e state per andare a letto, e siccome dovete svegliarvi alle cinque del mattino per essere puntuali al lavoro, regolate la sveglia. Ben presto siete profondamente addormentati. Poi, per qualche ragione siete di nuovo svegli. La stanza è buia, non vedete nulla e non sapete che ora è. Potreste aver dormito soltanto un'ora, ma potrebbero anche essere già le 4:59! Recitando una rapida preghiera, allungate la mano verso il comodino e a tentoni cercate la sveglia. La trovate, la prendete e la portate davanti agli occhi. Dite un'altra breve preghiera e quindi premete il pulsante luminoso. Che ore sono? Le 23:30! *E vai!* Altre cinque ore e mezzo di sonno! Questo è forse il momento più felice della vostra vita.

Perché accade questo? Non c'è cibo delizioso nel sonno profondo. Non ci sono bellissimi villaggi turistici sulla spiaggia, nessuna top model, niente denaro, titoli onorifici o fama. Non ci sono nemmeno sogni. Solo il nulla. Eppure, in qualche modo, al risveglio, sappiamo che non c'è niente di più beato. I santi e i saggi dicono che la memoria di questa esperienza di sonno profondo – ricordare soltanto uno stato di benessere – è la prova che la felicità proviene solo dall'interno. Sono unicamente i nostri desideri che la ostacolano. Ricordo che una volta qualcuno chiese ad Amma a cosa somigliasse lo stato di realizzazione del Sé e lei rispose: "È come la beatitudine del sonno profondo, solo che si è completamente svegli".

Con la realizzazione del Sé, ci stabiliamo in quella beatitudine eterna, indipendentemente da quello che accade nel mondo esterno. È, come dice Amma, "un sentimento di completa pienezza, senza il bisogno di acquisire altro nella vita – una realizzazione che rende la vita perfetta". Questo è ciò che noi perseguiamo come ricercatori spirituali. Ed è solo attraverso la conoscenza, la vera comprensione di chi siamo e di quello che non siamo, che lo realizzeremo.

Conoscere il conoscitore

Conoscere l'ātma sembra essere un po' complicato, poiché non si tratta di un oggetto. Ecco perché la conoscenza del Sé è considerata il più sottile di tutti i rami della conoscenza. In ogni altra materia di studio, la cosa che stiamo imparando è un oggetto. Per esempio, in astronomia, 'io', il soggetto, studio l'oggetto 'corpi celesti'. In geologia, 'io', il soggetto, studio l'oggetto 'rocce'. In chimica, 'io' studio gli elementi chimici, ecc. Ma nella conoscenza del Sé, ciò che studio è il soggetto stesso e questo non può diventare un oggetto da comprendere attraverso l'intelletto. L'osservatore non può mai diventare l'osservato. Può l'occhio vedere se stesso? Può la lingua assaporare la lingua? È impossibile.

Ecco un esempio per spiegare questo punto. Un giorno si verifica un black out. Trovandosi improvvisamente al buio, un uomo cerca la sua torcia, l'accende e il raggio che ne esce illumina la stanza. La luce è così forte che l'uomo ne è veramente impressionato. "Caspita! Che luce formidabile! Le batterie di questa torcia devono essere speciali!" dice a se stesso. Volendo conoscere la marca delle batterie, decide di estrarle dalla torcia e naturalmente, non appena lo fa, realizza la sua stupidità.

Dunque, nulla di quello che abbiamo studiato nel passato assomiglia alla conoscenza del Sé. L'ātma non si può sentire come la musica, quindi le nostre orecchie non possono udirlo. Non è qualcosa che ha una forma, perciò i nostri occhi sono incapaci di rivelarcelo. Analogamente, non ha odore, sapore, tatto. Non è assolutamente un oggetto. È il soggetto. Dopotutto, ātma, letteralmente, significa 'sé'.

Quindi, tutto quello che impariamo può essere sperimentato secondo un certo ordine. Per esempio, leggiamo un libro su Giove che ci dice come individuarlo col telescopio, e così aspettiamo il buio, saliamo sul tetto, sistemiamo il telescopio nella giusta posizione e quindi guardiamo Giove, ne facciamo l'esperienza. Lo stesso vale per la musica. Su un giornale apprendiamo l'esistenza di un tipo di musica che non abbiamo mai sentito prima. La cosa ci interessa, e ovviamente, vogliamo farne l'esperienza. Che cosa facciamo allora? Andiamo su Internet, compriamo alcuni file mp3, li scarichiamo e li ascoltiamo. Questo è l'ordine nella conoscenza oggettiva: prima l'apprendiamo, *poi* la sperimentiamo.

Ma la conoscenza del Sé, la conoscenza soggettiva, non è affatto così, perché, in fondo, il centro di questa conoscenza siete *voi*, il vostro vero sé! Immaginate di leggere su un giornale una notizia sugli esseri umani e poi pensare: "Però! Questi esseri umani sembrano davvero interessanti. Vorrei proprio incontrarne uno!", e poi correre fuori a cercarli. È un'idea ridicola, no? Con la conoscenza del Sé, imparate qualcosa che state già 'sperimentando'[1] proprio qui e adesso, mentre leggete questa frase. Siete *voi!* Come potete non averne mai fatto l'esperienza? Quindi il nostro problema non è quello di 'sperimentare', è un problema di comprensione, di riconoscimento di conoscenza.

Vi faccio un esempio. Sono certo che la maggior parte di voi conosce bene la serie dei film di *Guerre Stellari*. Sono famosi in tutto il mondo, anche in India. A essere onesto, io non li ho visti, ma un devoto che è un patito della serie mi ha raccontato che nel secondo episodio, *L'Impero colpisce ancora*, c'è una scena in cui il personaggio principale, Luke Skywalker, sta cercando il suo *guru*, Yoda. Per studiare con lui, Luke è partito alla volta di un lontano pianeta. Il problema è che Luke non ha mai incontrato Yoda prima, non sa neppure vagamente che aspetto abbia. Atterrato sullo strano pianeta, incontra una sgradevole, buffa, piccola creatura verde dalle grandi orecchie. Luke è impaziente di scovare il suo guru e di diventarne discepolo, ma la piccola creatura verde continua a infastidirlo, a fargli perdere tempo e a molestarlo. Alla fine, Luke si sente così frustrato che comincia a gridare, a gettare cose all'aria e a maledire il suo destino. È a

---

[1] Tecnicamente, 'sperimentare' non è il termine esatto, perché 'sperimentare' indica un oggetto che è sperimentato. Tuttavia, Amma e altri mahātma lo usano spesso, a causa dei limiti del linguaggio.

questo punto che la piccola creatura verde si rivela in realtà essere proprio quello stesso Yoda che Luke sta cercando. Dunque, a Luke non mancava 'l'esperienza di Yoda'. Gli mancava 'la conoscenza di Yoda'. La stessa cosa vale per noi e l'ātma. Stiamo 'facendo l'esperienza' dell'ātma proprio ora. Siamo sempre stati quello e sempre lo saremo. Ci serve solo qualcuno che ci presenti. Questo è il ruolo del guru. Il guru regge lo specchio degli insegnamenti delle scritture, così che possiamo vedere il nostro vero volto. In questo modo, ci presenta al nostro Sé.

Il problema è che, adesso, mentre stiamo 'sperimentando' il Sé, sperimentiamo anche molte altre cose nel mondo interiore e in quello esteriore. E, soprattutto, continuiamo a confondere ciò che accade nel mondo interiore – le nostre emozioni, i ricordi, i pensieri e l'ego – con il Sé. La distinzione è talmente sottile che soltanto con l'aiuto del guru e delle scritture che trattano della conoscenza del Sé possiamo sperare di distinguerli. Amma fa spesso l'esempio di un mucchio di zucchero mescolato a sabbia: per un uomo, separarli con le mani è molto difficile e richiede molto tempo, è quasi impossibile, mentre per una formica è una cosa facile. L'uomo rappresenta una persona dall'intelletto ottuso e grezzo, e la formica, invece, una persona che ha raffinato l'intelletto con le pratiche spirituali e lo studio del Vedānta con l'aiuto di un maestro vivente. Amma chiama una mente simile *viveka buddhi*, un intelletto acuto.

Al fine di separare, per così dire, lo zucchero dalla sabbia, le scritture ci forniscono molti metodi sistematici, logici e intellettualmente soddisfacenti. Alcuni di essi comprendono *pañca-kośa viveka* – la distinzione tra i cinque involucri della persona umana; *śarīra-traya viveka* – la distinzione fra i tre corpi; *avastha-traya viveka* – la distinzione fra i tre stati mentali; *dṛg-dṛśya viveka* – la distinzione tra chi percepisce e ciò che è percepito. Questi sono tutti differenti metodi di analisi del Sé. Per riferirci a essi, possiamo usare un termine generico, *ātma-anātma viveka*

– discriminazione tra ātma e anātma, tra il Vero Sé e ciò che non è il Vero Sé.

Grazie a questi metodi, arriviamo a comprendere che tutto quello che avevamo pensato di essere, il corpo, la mente emozionale e l'intelletto, in verità, non siamo noi. La natura essenziale di una cosa è la sua caratteristica di non cambiare mai. Per esempio, gli scienziati definiscono la natura essenziale dell'acqua come H_2O, una molecola formata da due parti di idrogeno e una di ossigeno. Se cambiate anche di poco la formula – H_3O o HO_2, ad esempio – non avrete più l'acqua. Ma l'H_2O deve essere per forza allo stato liquido? No, può essere congelata e rimanere ancora acqua. Può essere anche in forma di vapore. Può assumere qualunque forma, essere versata in una coppa tonda o in un calice sottile o addirittura congelata in forma di elefante da usare come decorazione sul tavolo di un ricco rinfresco. Nessuna di queste modificazioni cambia la sua natura essenziale di H_2O. È ancora acqua. Portatela in India, in Spagna, in Giappone o in Inghilterra... non c'è problema. Chiamatela *pāni, agua, mizu,* acqua, o inventate un nome nuovo. H_2O sarà sempre la stessa identica cosa.

Se osserviamo il corpo, la mente e l'intelletto, vediamo che cambiano di continuo. La nostra altezza e il nostro peso fluttuano sempre. Possiamo perfino andare in guerra e tornare con un arto in meno. Il nostro Q.I. cambia e così anche ciò che amiamo e ciò che detestiamo. Il cibo che non ci piaceva da piccoli, oggi ci delizia. Possiamo amare una persona e un attimo dopo detestarla. Tutte le nostre convinzioni intellettuali sulla religione, la politica, ciò che è giusto o sbagliato – tutto cambia. Cambia il nostro lavoro, i posti in cui viviamo... Al giorno d'oggi perfino il genere sessuale può cambiare! Ciò significa che il corpo, le emozioni e l'intelletto sono tutti aspetti superficiali del nostro essere. Non sono l'essenza immutabile: l'ātma.

Chiedete a qualcuno chi è, e vi descriverà solo il suo corpo. Vi dirà cose del tipo: "Sono un uomo", "Ho 56 anni", "Sono figlio di quella tale persona", "Lavoro in quella certa azienda". Se osserviamo tutte queste affermazioni, vediamo che solo una cosa non cambia mai: l''io'. L''io' è costante e le scritture ci dicono che se andiamo in profondità in questo 'io', scopriremo che al suo centro vi è la nostra vera natura. Come dice Amma: "Quel principio senza nome, senza forma e onnipresente, comune a tutti come 'io', è l'ātma, Brahman o Dio".

La natura della coscienza

Ci si riferisce all'ātma con molti nomi – *brahman, purusa, paramātma, prajña, caitanyam, nirguna īśvara*, ma come dicono i Veda: *ekam sat viprāh bahudhā vadanti* – 'La Verità è una, i saggi la chiamano in vari modi'[2]. Nella loro essenza, tutti i termini che abbiamo elencato significano 'pura coscienza'. La coscienza è la nostra vera natura. Dalle scritture apprendiamo che la coscienza non è connessa al corpo o alla mente, non è prodotta dal corpo o dalla mente, ma li pervade, li illumina e dà loro la vita. La sua natura nel corpo è quella del testimone, testimone di tutti i nostri pensieri, sentimenti ed emozioni, così come della loro assenza. Perciò le scritture affermano:

yanmanasā na manute yenāhurmano matam |
tadeva brahma tvaṁ vidhi nedaṁ yadidam-upāsate ||

"Quello che non può essere compreso dalla mente, ma da cui, essi dicono, la mente è compresa – Quello soltanto è Brahman, e non quello che la gente qui adora".

Kena Upanishad, 1.6

In realtà, la coscienza non è limitata ai confini del corpo, sembra esserlo poiché, sottile com'è, è percepibile soltanto quando ha uno strumento che la rifletta, come il corpo o la mente. Per spiegare

---

[2] Rg Veda, 1.164.46.

questo fenomeno si fa spesso l'esempio della luce.[3] Possiamo vedere la luce solo quando si riflette su qualcosa – un muro, un volto, una mano ecc. Ecco perché lo spazio extraterrestre – dove la luce non trova oggetti su cui rifletteresi – appare buio, cioè privo di luce. Eppure la luce c'é. I raggi del sole che illuminano la vita sulla terra devono attraversare lo spazio per raggiungerci. Ma non essendoci nulla che li rifletta, non possiamo vederli. Lo stesso vale per la coscienza. Come già affermato, la coscienza in sé non può essere oggetto della nostra percezione, la possiamo percepire solo quando si riflette su qualcosa, come il corpo o la mente.

La coscienza viene anche considerata eterna, senza inizio né fine. In verità è l'unica cosa eterna. E non essendo intrinsecamente legata al corpo, continua a esistere dopo che il corpo muore. Perché, allora, i corpi sembrano essere privi di coscienza dopo il trapasso? Anche in questo caso, perché non c'è più uno strumento che rifletta la coscienza.

Questo non significa che la coscienza non ci sia più. Per chiarire questo concetto, Amma cita spesso l'esempio del ventilatore: "Quando una lampadina si brucia o un ventilatore smette di funzionare, non significa che non c'è elettricità. Quando smettiamo di farci aria con un ventaglio, il flusso d'aria cessa, ma ciò non significa che l'aria non ci sia più. O quando un palloncino scoppia, non vuol dire che l'aria che prima stava al suo interno cessi di esistere. C'è ancora. Allo stesso modo, la coscienza è ovunque. Dio è ovunque. La morte avviene non per assenza del Sé, ma a causa della distruzione dello strumento conosciuto come il corpo. Al momento della morte, il corpo cessa di manifestare la coscienza del Sé. La morte, dunque, indica la disgregazione dello strumento e non l'imperfezione del Sé".

La coscienza non può che continuare a pervadere il corpo anche dopo la morte, perché le scritture dicono che è onnipervasiva.

---

[3] In tutta l'India, la luce è usata per simboleggiare la coscienza poiché entrambe illuminano ciò che altrimenti è nascosto.

La verità è che noi non siamo un corpo umano dotato di coscienza, ma piuttosto coscienza dotata di un corpo umano!

Per spiegarlo, le scritture usano spesso l'esempio dello spazio totale e dello 'spazio all'interno di un vaso'. Lo spazio pervade il cosmo intero, ma se prendiamo un vaso di argilla, iniziamo subito a riferirci allo spazio interno al vaso come a qualcosa di separato, 'lo spazio del vaso'. In realtà, il termine non ha significato: è il vaso che è contenuto nello spazio, non lo spazio dentro il vaso! Per provarlo, basta rompere il vaso. Dove sarà lo 'spazio del vaso'? Potete forse dire che si è 'fuso' nello spazio totale? No, c'è sempre e solo stato un unico spazio, fin dall'inizio. Lo stesso vale per la coscienza. È onnipervasiva. Attualmente, la sperimentiamo come associata al nostro piccolo corpo, ma questa non è la realtà ultima.

La scienza ha tradizionalmente considerato la coscienza come un prodotto della materia. Ritiene che un essere cosciente emerge quando l'ossigeno fluisce nel sangue e sollecita il complesso e misterioso sistema che chiamiamo cervello. Da questa convinzione deriva la paura che, quando l'ossigeno smette di scorrere nel sangue e il cervello perde colpi fino a completo esaurimento, le luci si spengano e l'essere conscio scompaia per sempre. Ma i santi e i saggi hanno sempre asserito l'esatto opposto: non è la coscienza a essere un prodotto della materia, ma è la materia a essere un prodotto della coscienza. Per dirla in altro modo, la materia non è il substrato della coscienza, *è la coscienza a essere il substrato della materia*. E con l'avvento della fisica quantistica alcuni scienziati stanno iniziando a indagare su tale affermazione. Uno di questi, il dott. Amit Goswami, un fisico nucleare teorico che lavora negli Stati Uniti presso l'Università dell'Oregon, ha pubblicato degli studi in cui afferma: "Tutti i paradossi della fisica dei quanti possono essere risolti se accettiamo la coscienza come fondamento dell'essere".

Questo ci porta al prossimo punto. Se la coscienza pervade ogni cosa come lo spazio, allora, non è forse la coscienza che sta alla base dei miei pensieri e sentimenti la stessa che è alla base dei pensieri e dei sentimenti di tutti gli altri esseri dell'universo? E se c'è qualcosa di simile a Dio – il creatore, il sostenitore e il distruttore dell'universo – non potrebbe essere che la mia coscienza e la sua coscienza siano la stessa? E infine: in realtà, la coscienza non solo pervade l'universo, ma essa *è* l'universo. Vale a dire, la coscienza stessa è l'elemento costitutivo fondamentale, per così dire, del cosmo. Questi sono alcuni dei principi fondamentali del Vedānta che, come ogni altro principio, richiedono tempo, sforzo e lunghi studi per essere correttamente appresi e assimilati.

Le tre fasi dello studio del Vedānta

Lo studio della conoscenza del Sé è diviso in tre fasi: *śravana, manana e nidhidhyāsana*, rispettivamente: ascoltare l'insegnamento, chiarire i dubbi riguardanti l'insegnamento e assimilare l'insegnamento.

Śravana

Śravana letteralmente significa 'ascolto'. Dunque, il primo passo è ascoltare la conoscenza spirituale. Non si parla di 'lettura'. Perché ascoltare e non leggere? Perché l'ascolto richiede un guru vivente e le scritture dicono che un guru vivente è essenziale per chi sia interessato alla conoscenza del Sé. Lo studio corretto delle scritture ha luogo in modo sistematico, iniziando con le definizioni di tutte le varie terminologie, e finendo con la verità ultima di *jīvātma-paramātma aikyam* – l'insegnamento che la coscienza che è l'essenza dell'individuo e la coscienza che è l'essenza di Dio (o dell'universo) sono la stessa cosa. Uno studente ha qualche opportunità di successo se comincia il suo studio della matematica con le equazioni differenziali? Lo stesso vale per il Vedānta. Dobbiamo iniziare dal principio e da lì andare avanti.

Solo un guru vivente è in grado di valutare il livello di ciascuno studente e la sua capacità di comprendere ogni punto. Il guru non interagisce con gli studenti unicamente durante i suoi discorsi ma anche prima e dopo, poiché i discepoli vivono tradizionalmente con il guru nel suo *ashram*. In questo modo il guru è in grado di capire dove risiedano le loro debolezze e la loro forza, e di rivolgersi loro conseguentemente.

Come detto in precedenza, la conoscenza del Sé è il più sottile di tutti i rami della conoscenza. "Più sottile del più sottile", dicono le scritture e per questo è necessario che lo studio diventi parte integrante della nostra vita quotidiana. Non si può fissare un esatto periodo di tempo per lo studio, ci sono livelli differenti di studenti, ma molto spesso le persone studiano il Vedānta con un insegnante per decine di anni, se non per vite intere. Le scritture e gli insegnamenti del nostro guru devono diventare il tessuto stesso della nostra vita.

Amma dice che śravana non è un ascolto casuale, ma un ascolto integrale totale, in cui si partecipa con tutto il cuore, con tutto l'essere. È un ascolto in cui la mente del discepolo si identifica completamente con la mente del guru. Quando ciò accade, mentre il guru parla, i suoi pensieri prendono letteralmente posto nella mente del discepolo. Non è questa l'essenza della comunicazione?

Normalmente si dice che per essere un guru si deve prima essere stati un discepolo, perché la conoscenza del Sé si acquisisce con l'ascolto di un guru vivente. E dove quel guru ha ricevuto la sua conoscenza? Ascoltando il *suo* guru. E dove ha ricevuto la sua conoscenza quel guru? Dal *suo* guru. Questa linea guru-discepolo, o *parampara,* può essere fatta risalire a centinaia, addirittura migliaia di anni fa. In verità, si dice che tutti gli autentici parampara comincino da Dio stesso, poiché all'inizio di ogni ciclo della creazione è Dio che serve come primo guru, rivelando gli insegnamenti nella forma dei Veda.

Ma in Amma abbiamo un'eccezione. Amma non ha mai avuto un guru e, nonostante questo, possiede tutti i requisiti necessari per condurre le persone alla liberazione. Per prima cosa, Amma è *brahma nistha,* cioè una persona che ha assimilato completamente e che risiede in modo permanente nella realtà suprema di sé e dell'universo. In secondo luogo, pur non avendo mai ricevuto l'istruzione da un guru, Amma è in grado di spiegare lucidamente le verità spirituali più sottili. Lei non ha mai studiato la Bhagavad Gita o le Upanishad, eppure esprime con massima chiarezza e acume esattamente le stesse idee che si trovano in quei testi sacri. Quindi, chiaramente, Amma è un'eccezione a questa regola.

Detto questo, non dobbiamo presumere che anche noi siamo un'eccezione. Le eccezioni sono molto rare. Una volta, Amma rispose a una domanda su questo tema, dicendo: "Una persona con un dono innato per la musica può essere capace di cantare tutti i *rāga* (scale modali) tradizionali senza nessun insegnamento particolare, ma immaginate se tutti cominciassero a cantare i rāga senza alcuna preparazione! Perciò, Amma non dice che un guru non sia necessario, ma solo che rari individui dotati di un insolito grado di consapevolezza e concentrazione non hanno bisogno di un guru esteriore".

Una pianta può miracolosamente mettere radici su una roccia arida, ma un agricoltore sarebbe sciocco se piantasse intenzionalmente dei semi in quel posto!

Manana

Il passaggio successivo per raggiungere la vera conoscenza è manana: chiarire i nostri dubbi. Per un ricercatore che si trovi in questo stadio, un maestro vivente è il solo supporto esterno. Non possiamo rivolgere le nostre domande a un libro! Se guardate le scritture, vedrete che quasi tutte si presentano sotto forma di domande e risposte tra guru e discepolo. In manana, ci assicuriamo che neppure un piccolissimo aspetto di quello che abbiamo imparato con śravana sia rimasto incompreso o non accettato. Lo scopo di manana è di rendere perfetta la nostra comprensione. In effetti, lo studente deve riflettere costantemente su quello che il guru gli ha detto, ripassandolo di continuo nella sua mente.

Ha un senso questo? In caso contrario deve chiedere al suo guru di spiegare nuovamente quel punto. Le domande non sono solo incoraggiate, ma ritenute essenziali. In realtà, il discepolo deve ripetutamente verificare nella sua vita le verità espresse dal suo guru, per vedere se in esse ci siano delle lacune. La sua vita deve diventare un eterno esperimento scientifico nel quale, ogniqualvolta egli intraprenda un'azione, osserva se i principi che gli sono stati insegnati restino validi. Poiché è solo quando siamo del tutto persuasi che gli insegnamenti sono validi che possiamo sperare di avanzare verso lo stadio successivo: *nidhidhyāsana*, o assimilazione.

Detto questo, il discepolo deve avere *śraddha* – fede e fiducia nel guru e nei suoi insegnamenti. Il nostro esame dovrebbe nascere dalla convinzione che l'insegnamento proviene da una fonte divina e perciò è perfetto. Le nostre domande sono assolutamente bene accette, ma dobbiamo capire che sono dovute alla nostra mancanza di comprensione, non a un errore nell'insegnamento. Le nostre domande dovrebbero sorgere dal desiderio di imparare, di comprendere più chiaramente, non di contestare la logica del guru o le scritture. Il discepolo deve capire che il guru è infinitamente più competente di lui e che se c'è della confusione, il problema è in lui. Sfortunatamente, molti di noi non sono così.

Un ingegnere informatico decise di arruolarsi nell'esercito. Nel suo primo fine settimana fu portato al poligono, gli venne data un'arma carica e gli fu detto di sparare 10 colpi sul bersaglio. Dopo che ebbe sparato molti colpi, dall'altra parte del poligono arrivò voce che tutti avevano mancato il bersaglio. L'ingegnere guardò il suo fucile, poi il bersaglio, riguardò il fucile e poi di nuovo il bersaglio. Quindi mise il suo dito nella canna e premette il grilletto. Ovviamente, il dito saltò in aria completamente. Dopo aver imprecato, egli urlò verso l'altra estremità del poligono: "Bene, da qui il colpo è partito perfettamente, perciò il problema deve essere dalla tua parte!".

Spesso, anche la nostra logica è sbagliata. Erroneamente attribuiamo le nostre debolezze, la nostra mancanza di consapevolezza e di comprensione al guru, ai suoi insegnamenti e alle pratiche che ci ha detto di intraprendere. Quando ciò accade, siamo solo noi a soffrire.

Come già menzionato nel settimo capitolo, Amma sottolinea l'importanza di sviluppare l'attitudine del principiante. Questa è molto importante quando si tratta di rivolgere delle domande al guru. Noi dovremmo chiarire i nostri dubbi non con l'atteggiamento di chi vuole dibattere, ma con l'attitudine di un bambino. Soltanto così, si potranno ascoltare le parole del guru e interiorizzarle. Chi viene per discutere, non ascolta veramente quello che dice il guru perché è troppo occupato a formulare la sua controrisposta. La mente può fare una sola cosa alla volta. Se siamo impegnati a preparare le nostre contro-argomentazioni, come possiamo interiorizzare quello che viene detto in quel momento?

Quando studiamo il Vedānta nel giusto modo, rimuoveremo per prima cosa i dubbi che ci assalgono. Ma poi anche il guru, spesso, ci porrà delle domande alle quali, magari, non abbiamo mai pensato prima. Per il gusto di fare l'avvocato del diavolo, potrà anche prendere in considerazione gli argomenti di altre filosofie, in modo da assicurarsi che la nostra comprensione dell'insegnamento sia ferma e incrollabile. Come già detto, lo stadio di manana terminerà soltanto quando ogni nostro singolo dubbio e la mancanza di chiarezza riguardo all'ātma saranno stati sradicati. Solo allora saremo pronti per nidhidhyāsana, l'assimilazione di ciò che abbiamo imparato.

Nidhidhyāsana

Nidhidhyāsana è uno degli aspetti più fraintesi del sentiero spirituale. Nidhidhyāsana significa assimilare appieno quello che abbiamo imparato e vivere di conseguenza. Prendete l'esempio dell'apprendimento di una lingua straniera, diciamo il malayālam.

Durante la lezione, l'insegnante dice: "Oggi, cari ragazzi, la prima lezione sarà sulla parola *'pustakam'*. Pustakam significa 'libro'". Semplicemente ascoltare l'insegnante che pronuncia questa frase è śravana. Correggere ogni dubbio su come la parola è pronunciata o usata in una frase è manana. Ma nidhidhyāsana è assorbire così fermamente nella mente questa conoscenza che, quando qualcuno pronuncia la parola 'pustakam', immediatamente pensiamo a un libro, e quando vediamo un libro, subito pensiamo alla parola 'pustakam'. Inoltre, se qualcuno ci porge un libro e dice *'pazham'* (banana) o ci dà una banana dicendo 'pustakam', immediatamente riconosciamo il suo errore. Soltanto quando ciò accade, possiamo affermare che la conoscenza è stata pienamente assimilata.

Con la conoscenza del Sé, stiamo apprendendo la natura del nostro stesso Sé, l'ātma. Come abbiamo esaminato in precedenza in questo capitolo, le scritture ci dicono che la nostra vera natura è la coscienza eterna e che questa coscienza è la sorgente di ogni beatitudine. E ancora, che la coscienza che è in noi è la stessa coscienza che è in tutti gli esseri, da una piccola formica fino a Dio stesso. E infine, che la coscienza è in verità il substrato dell'intero universo. Se abbiamo assimilato questo, allora, quando penseremo a noi stessi non sarà a 'corpo, mente e intelletto", ma a coscienza. Quando saremo in relazione con gli altri, non li vedremo separati da noi, ma come uno con noi, sapendo che la coscienza in noi e la coscienza in loro è una sola. Quando guarderemo il mondo intorno a noi, anche se continueremo a vedere alberi e fiumi e case e animali e automobili e montagne, ecc., ricorderemo sempre che in essenza sono solo coscienza. Questo si rifletterà nei nostri pensieri, parole e azioni.

Una volta, un guru e i suoi discepoli stavano viaggiando a piedi. In tutto i discepoli erano circa 40 e tutti indossavano abiti e scialli bianchi, come il guru. La testa e il volto del guru erano completamente rasati e così quelli dei discepoli. Apparentemente, non c'era assolutamente modo di distinguere il guru dai suoi studenti.

Alcune ore prima del tramonto, il gruppo si fermò per riposare, e in breve il guru e i suoi 40 discepoli si sedettero a gustare una tazza di tè. Fu allora che un viaggiatore solitario passò lungo la strada e, giunto al campo dove erano sistemati il guru e i discepoli, si fermò un momento a guardarli. Poi, improvvisamente, si diresse verso il guru e si prosternò davanti a lui. Mentre giaceva ai suoi piedi, questi si abbassò per benedirlo col tocco della mano. Quindi l'uomo si alzò, prese congedo e continuò il suo viaggio.

Vedendo ciò, un discepolo fu immediatamente assalito da un dubbio: "Siamo tutti vestiti allo stesso modo. Abbiamo teste e facce rasate e quando quell'uomo si è avvicinato nessuno di noi stava mostrando alcun segno esterno di riverenza verso il nostro guru. Come ha potuto distinguerlo dal resto di noi?". Con questa domanda nella mente, posò la sua tazza di tè e rincorse il viaggiatore.

Quando il giovane monaco raggiunse il viandante, gli espresse il suo dubbio. L'uomo sorrise e rispose: "Appena vi ho visto, ho capito che eravate tutti monaci, ma non ero in grado di riconoscere chi fosse il guru. Ma poi ho osservato il modo in cui stavate bevendo il tè. Per 40 di voi, non c'era nulla di speciale, solo un gruppo di uomini che gustava una tazza di tè, ma quando i miei occhi caddero sul vostro guru, era come se stessi guardando qualcosa di completamente diverso. Infatti, il modo in cui egli reggeva la tazza mi ricordava quello di una madre che tiene il suo bambino. Era come se non potesse esserci un oggetto a lui più caro in tutto l'universo, come se non stesse tenendo in mano un oggetto inanimato, ma Dio stesso incarnato in una tazza di metallo. Allora mi è stato assolutamente chiaro che quello era il maestro, perciò sono andato direttamente da lui e gli ho offerto i miei omaggi".

L'assimilazione della conoscenza del Sé ci trasforma radicalmente, perché se vediamo gli altri come una cosa sola con noi stessi, con chi potremo mai arrabbiarci? Di chi potremo essere gelosi? Di chi avremo paura? Chi potremo odiare o temere?

Come dicono le scritture:

yastu sarvāṇi bhūtānyātmanyevānupaśyati |
sarva-bhūteṣu cātāmānaṁ tato na vijugupsate ||

"Chi vede tutti gli esseri nel suo stesso Sé, e il Sé in tutti
gli esseri, in virtù di tale (realizzazione) non nutre odio
alcuno".

Īsà Upanishad, 6

Śankarācārya commenta: "Questa è solo una riaffermazione di
un fatto noto. È una questione di esperienza che quando si prova
una forte repulsione per qualcosa è perché la si considera cattiva
e diversa da sé. Ma per chi vede il Sé assolutamente puro come
una entità costante, non ci sono oggetti che possano causare
repulsione. Perciò non odia".

In modo analogo, se sappiamo che la nostra natura è eterna, a
quale scopo temere la morte? E ancora: se sappiamo di essere la
sorgente di ogni felicità, perché mai correre dietro ai vari piaceri
sensoriali che il mondo ha da offrirci? Saremo completi e appagati
così come siamo. Prenderemo ciò che è necessario per sostenere
il corpo – cibo, acqua, un tetto, ecc. – ma non andremo a cercare
nel mondo qualsiasi altra fonte di piacere, sicurezza, gioia o pace.
Saremo, come dice Krishna nella Gita: *ātmānyevātmanā tustah*,
soddisfatti nel Sé dal Sé.[4]

Molte persone credono, per varie ragioni, che nidhidhyāsana
(l'assimilazione della verità) sia qualcosa che dev'essere esegui-
ta meditando 24 ore al giorno chiusi a chiave in qualche luogo,
magari in qualche caverna sull'Himalaya. Ma non è così. Sebbene
possiamo certamente praticare nidhidhyāsana sedendo in meditazione a occhi chiusi, possiamo altresì praticarla nella nostra vita,
mentre siamo al lavoro, mentre trascorriamo del tempo con la
nostra famiglia, mentre siamo in compagnia degli amici, mentre

[4] Bhagavad Gita, 2.55.

172

mangiamo, camminiamo e parliamo. In verità, non solo possiamo, ma dobbiamo farlo. Questo è ciò che intendono le scritture quando ci dicono di 'meditare costantemente'. Come detto nell'ottavo capitolo, la raccomandazione di Amma di cercare di ripetere il nostro mantra "con ogni respiro", prepara in molti modi la mente alla costante, definitiva nidhidhyāsana.

In nidhidhyāsana, dimoriamo nell'insegnamento, stabilendoci in esso. Così, certamente si possono chiudere gli occhi, entrare in uno stato mentale meditativo e affermare le verità spirituali e le loro ramificazioni. Non sono le specifiche parole a essere importanti, ma la messa a fuoco su un certo aspetto dell'insegnamento vedantico, approfondendolo costantemente nella mente. In definitiva, si tratta di affermare e dimorare in ciò che realmente siamo – la coscienza che tutto pervade, eterna e beata – e rifiutare ciò che non siamo – il corpo e la mente limitati, mortali, gravati dal dolore. Il processo di nidhidhyāsana è completo solo quando si verifica un totale cambiamento di identificazione: si cessa di considerarsi un corpo, una mente e un intelletto dotati di coscienza e ci si considera invece come la coscienza che, incidentalmente, è al momento 'dotata di' un corpo e di una mente. Questa comprensione deve arrivare a saturare la nostra mente subconscia.

Mentre interagiamo nel mondo, possiamo perseverare in questa linea di pensiero, farla diventare la colonna sonora della nostra vita: una canzone che suona di continuo sullo sfondo, nella nostra testa. Ricordo che una volta, molti anni fa, qualcuno chiese ad Amma come fosse possibile ricordare Dio mentre si compiono azioni. Eravamo vicini al canale e Amma indicò un uomo in una piccola canoa che stava guidando alcune anatre lungo il fiume. Amma disse: "Quella barca è così piccola, eppure il barcaiolo la tiene in equilibrio, rema con un lungo remo e guida le anatre lungo il fiume, tutto nel medesimo tempo. Quando fa rumore sbattendo il remo sull'acqua, riporta indietro le anatre nel caso comincino a deviare dal percorso. A intervalli fuma una sigaretta; se necessario, usa i piedi per far uscire l'acqua che entra nella barca. Altre volte parla con delle persone che si trovano sulla riva. Pur facendo tutte queste cose, la sua mente è sempre sulla barca. Se la sua attenzione vacillasse anche per un solo istante, perderebbe l'equilibrio, l'imbarcazione si capovolgerebbe e lui cadrebbe nell'acqua. Figli, in questo mondo dobbiamo vivere così. Qualunque lavoro stiamo facendo, la nostra mente deve essere centrata su Dio. Ciò diventa facile con la pratica".

Infatti, quando agiamo nel mondo, possiamo veramente usare le sfide della vita quotidiana, accendendo dentro di noi le verità del Vedānta. Ricordate: se abbiamo pienamente assimilato l'insegnamento, non risponderemo mai in maniera non-vedantica alle situazioni della vita. È necessario agire sempre in accordo con la verità espressa dalle scritture riguardo alla nostra natura divina, alla natura divina delle altre persone e alla natura divina del mondo. Amma fa spesso l'esempio di qualcuno che si arrabbia con noi e ci copre di insulti. Anziché reagire e arrabbiarsi a sua volta, chi pratica nidhidhyāsana penserà: "Se l'io' in me è lo stesso 'io' in lui, con chi mi dovrei arrabbiare? In ogni caso, le sue parole non toccano l'ātma, la mia vera natura". Se per qualche motivo cominciamo a sentirci soli, possiamo pensare: "Se tutta la felicità dimora dentro di me, che ragione c'è di sentirsi depressi o soli?".

Ogniqualvolta abbiamo qualche reazione mentale negativa, dovremmo contrastarla e distruggerla attraverso gli insegnamenti del Vedānta che abbiamo appreso. Questo è praticare nidhidhyāsana mentre viviamo la nostra vita quotidiana. Se l'abbiamo realmente assimilata, perfino ricevere una sventurata diagnosi nello studio di un medico non ci farà provare paura o depressione, ma troveremo la forza e il coraggio nella verità che dichiara: "Questo corpo non è nient'altro che un abito. Così come l'ho indossato, ora è arrivato il momento di toglierlo. Io non sono il corpo. Sono eterno! Sono beatitudine! Sono coscienza!".

Nel quinto capitolo abbiamo trattato alcuni aspetti del karma yoga che possono essere utilizzati quando si agisce. Una delle attitudini consigliate da Amma è di vedersi come lo strumento dell'azione e non l'esecutore o il fruitore dei risultati dell'azione. Quando, infatti, nella vita spirituale si giunge allo stadio di nidhidhyāsana, questo atteggiamento può essere ancora utilizzato. In nidhidhyāsana, mentre compiamo delle azioni, ci ricordiamo che in realtà noi non siamo il corpo, le emozioni o l'intelletto, ma la pura coscienza. Così ora, quando agiamo, utilizziamo lo stesso pensiero ma con una piccola modifica. Vediamo il corpo e la mente come strumenti inerti che interagiscono col mondo grazie al flusso dell'energia cosmica (per esempio "siamo nelle mani del Signore"), ma non siamo il corpo, né la mente o l'energia cosmica, bensì la pura coscienza testimone di tutti questi fenomeni.

In questo modo, tutta la nostra vita diventa un esame: ogni volta che reagiamo in una maniera che è in armonia con il Vedānta, lo superiamo; altrimenti diventa un richiamo alla necessità di una maggiore assimilazione. Rispondere in armonia col Vedānta non significa farlo solo a livello fisico e verbale; essi sono certamente importanti, ma non quanto il livello mentale. Quando qualcuno ci insulta, forse siamo capaci di sorridere esteriormente, ma qual è la reazione nella nostra mente?

Due anni fa, a un residente di antica data dell'ashram fu diagnosticato un cancro in fase terminale. Aveva 79 anni e viveva ad Amritapuri dal 1987. Quella diagnosi fu una sorpresa per tutti, la prognosi era chiara: gli restavano forse due mesi di vita. Egli si trasferì in una stanza del piccolo ospedale caritatevole Amrita Kripa di Amritapuri per trascorrervi i suoi ultimi mesi. Centinaia di devoti e ashramiti gli fecero brevi visite per dirgli addio. Quello che videro nella stanza di ospedale fu un luminoso esempio di Vedānta: un uomo allegro e beato il quale asseriva che il suo unico desiderio era di rinascere rapidamente per aiutare Amma e la sua missione umanitaria. Non era affatto preoccupato per il suo corpo o per la malattia, anzi, continuava a dire: "Questa malattia mi offre l'occasione perfetta di mettere in pratica tutti gli insegnamenti di Amma". Così trascorse i suoi ultimi mesi, salutando tutti con gioia e riflettendo costantemente sulla verità suprema di non essere in nessun modo il corpo. A questo riguardo, Amma dice che la vita stessa spesso ci fa da guru. Ma mentre la vita può metterci alla prova in modo naturale, di tanto in tanto Amma non esita a tirarci qualche tiro mancino, solo per vedere a che punto siamo! Ricordo che una volta c'era una occidentale alla quale Amma aveva dato un nome spirituale[5]. La principale pratica spirituale di questa persona era in linea con ciò di cui abbiamo parlato. Anche il nome che Amma le aveva dato era molto vedantico – indicava la vera natura del Sé. Supponiamo che il nome fosse 'Sarva-vyāpini', che significa 'Uno Onnipervadente'. Poi, un giorno, Amma decise di chiamare 'Sarva-vyāpini' anche un'altra devota. Quando la prima Sarva-vyāpini lo venne a sapere, andò su tutte le furie, corse da Amma piena di rabbia e in lacrime disse: "Quando Amma mi ha dato questo nome, era come se mi avesse sposato, e dandolo a qualcun altro, è come se ora volesse il divorzio!". Quando Amma sentì queste parole, non poté fare a meno di ridere. Poi spiegò a tutti i devoti che le erano intorno che la ragazza stava praticando l'auto indagine attraverso la quale si suppone che comprendiamo che la natura del Sé sia onnipervadente, e che il mio 'io' è lo stesso 'io' in te. Eppure, quando Amma chiamò 'Onnipervadente' un'altra persona, ne fu sconvolta. Come potevano esserci due 'Onnipervadenti'? Impossibile! Una maggiore assimilazione era evidentemente necessaria!

Perché vi sia piena assimilazione, non deve esserci alcun contrasto tra la nostra cognizione di chi siamo e i nostri pensieri, parole e azioni. Se torniamo all'esempio dello studio di una lingua straniera, possiamo affermare di padroneggiarla solo quando la si può parlare fluentemente con tutti e quando le parole escono dalle labbra senza sforzo. Una persona simile non ha bisogno di

---

[5] Se richiesto, Amma assegna agli occidentali nomi sanscriti di natura spirituale.

fermarsi e consultare il dizionario! Nella sua mente, non viene prima formulata una frase nella propria lingua materna e poi tradotta nella nuova lingua, prima di parlare. È un flusso senza sforzo, continuo. È così che deve essere con la conoscenza del Sé. Infatti, quando si padroneggia con sicurezza una lingua, e questa sostituisce addirittura la madre lingua si sogna perfino in quella lingua. Analogamente, si presume che nidhidhyāsana dovrebbe culminare in una consapevolezza della nostra vera natura che non viene mantenuta solo nello stato di veglia ma anche in quello di sogno. Deve perdurare perfino nel sonno profondo! Amma dice che questa è la sua esperienza: anche quando sta dormendo, lei semplicemente testimonia la sua mente che dorme.

Come valutare il nostro progresso

Amma sostiene che ci sono soltanto due modi per poter determinare il nostro progresso spirituale: la nostra capacità di mantenere equanimità mentale in situazioni difficili e la quantità di compassione che scaturisce dai nostri cuori davanti alla sofferenza degli altri. Amma dice ciò perché sono queste le dirette conseguenze dell'assimilazione dei due insegnamenti fondamentali del Vedānta – il primo è la comprensione che la nostra vera natura è coscienza, il secondo è la comprensione che la medesima coscienza si trova in tutti gli altri.

Se abbiamo assimilato correttamente il primo insegnamento, qualunque cosa ci accada nella vita, non saremo tesi. Potremo fare bancarotta, essere abbandonati dai nostri cari, la nostra casa potrà andare a fuoco, potremo contrarre una malattia incurabile, perdere il lavoro... in ogni caso non perderemo il nostro equilibrio mentale perché abbiamo assimilato pienamente l'insegnamento che la nostra vera natura non è il corpo o la mente, ma l'eterna beata coscienza. Che importa alla coscienza se non ha denaro? Se la casa va a fuoco? Se il corpo si ammala e muore? La coscienza è eterna, onnipervadente e sempre beata. Nulla la tocca. E se giungeremo a identificarci totalmente con la coscienza, non saremo mai sconvolti quando nel mondo esterno si verificheranno circostanze avverse. La nostra capacità di restare calmi quando si scatena l'inferno, ci indica direttamente quanto questa verità sia stata assimilata.

E se abbiamo assorbito correttamente il secondo insegnamento – che la nostra coscienza è la stessa che è negli altri – avremo compassione per le altre persone. Per spiegarcelo meglio, Amma fa spesso l'esempio di quando ci si fa un taglio a una mano. Quando ci feriamo la mano sinistra, la destra immediatamente corre in suo aiuto, lava la ferita, la disinfetta e la benda. La mano destra non ignora la sinistra, pensando: "Oh, è la mano *sinistra*! Che m'importa di quello che le succede!". No, sa di essere inestricabilmente legata alla mano sinistra e che entrambe appartengono allo stesso essere vivente, e perciò agisce di conseguenza. Se ci capita di infilarci un dito in un occhio, non ci tagliamo il dito, ma lo strofiniamo sull'occhio in modo da dargli sollievo. Perciò, una volta che abbiamo assimilato la nostra unità con gli altri, ne consegue in modo naturale che consideriamo il loro dolore come il nostro dolore, e la loro gioia come la nostra gioia. Più compassione sentiamo quando vediamo gli altri soffrire, più abbiamo assimilato questa verità.

Nella Bhagavad Gita, Krishna lo spiega ad Arjuna dicendo:

ātmaupamyena sarvatra samaṁ paśyati yor'juna |
sukhaṁ vā yadi vā duḥkhaṁ sa yogī paramo mataḥ ||

"O Arjuna, è considerato come il supremo, quello yogi che giudica il piacere o il dolore di tutti gli esseri con lo stesso criterio che usa per se stesso".

Bhagavad Gita, 6.32

In effetti, Amma dice che, come parte della nostra pratica di assimilazione, dovremmo reagire in modo vedantico, almeno esteriormente. Ciò significa che, anche se non proviamo compassione, dobbiamo agire con compassione. Forse non proviamo davvero il dolore di qualcuno che sta soffrendo, tuttavia dovremmo comportarci come se lo sentissimo, aiutandolo in ogni modo possibile. Amma afferma che agire in modo aperto ci aiuterà gradatamente a espandere la nostra mente. Senza dubbio questa è una delle motivazioni alla base dei progetti di volontariato di Amma. Amma si preoccupa di aiutare i poveri, gli ammalati e i sofferenti, ma vuole anche creare delle opportunità per i suoi discepoli e devoti affinché si impegnino in attività che li aiutino a trasformare la loro mente.

Azione contro inazione

Molte persone credono erroneamente che lo jñāna yoga richieda l'abbandono di tutte le azioni. Questa confusione era presente perfino nei tempi antichi. Anche nella Gita, Sri Krishna dice chiaramente ad Arjuna:

kim karma kim-akarmeti kavayo'pyatra mohitāḥ |

"Che cos'è l'azione? Che cos'è l'inazione? Perfino i saggi sono confusi nel dare una risposta".

Bhagavad Gita, 4.16

Krishna continua spiegando che l'espressione "rinunciare alle azioni" significa rinunciare all'idea di essere il complesso corpo-mente e non letteralmente cercare di astenersi dall'azione. Krishna lo spiega con un verso che suona un po' come un indovinello:

karmaṇya-karma yaḥ paśyedakarmaṇi ca karma yaḥ |
sa buddhimān-manuṣyeṣu sa yuktaḥ kṛtsna-karma-kṛt ||

"Chi vede l'inazione nell'azione, e l'azione nell'inazione, è saggio tra gli uomini, è uno yogi e l'artefice di ogni cosa".

Bhagavad Gita, 4.18

Il significato è che chi possiede la comprensione spirituale sa che, anche se il suo corpo agisce e la mente pensa, la coscienza – la sua vera natura – resta sempre inattiva. E, per contro, capisce pure che anche se uno può sembrare inattivo, per esempio durante il sonno, la meditazione o quando siede immobile, finché si identifica con la mente e il corpo deve ancora trascendere l'azione.

Quindi, riguardo al significato del tipo di inazione da ricercare nella vita spirituale, Krishna conclude:

karmaṇyabhipravṛttopi naiva kiṁcit-karoti saḥ ||

"Sebbene impegnato nel karma, in verità (il saggio) non fa nulla".

Bhagavad Gita, 4.20

L'idea sbagliata che il culmine della vita spirituale consista nello stare seduti in uno stato catatonico, o più generalmente, nell'essere un buono a nulla, è qualcosa che Amma ha energicamente cercato di sradicare per tutta la sua vita. Lo fa attraverso i suoi discorsi, nei quali ironizza regolarmente sui sedicenti Vedantini che proclamano *aham brahmāsmi* – 'Io sono Brahman' – ma si lamentano se non ricevono in orario i loro pasti o il loro tè. Amma li chiama "I Vedantini' topi di biblioteca'. Non solo la loro conoscenza è limitata ai libri, ma distruggono anche lo spirito di quei libri a causa della loro ipocrisia. Un vero Vedantino, come recita il detto, 'non solo parla ma mette in pratica ciò che dice'.

Senza la guida di un vero guru, possiamo facilmente cadere vittime del nostro scaltro ego e cominciare a manipolare le scritture per soddisfare le nostre preferenze e avversioni. Una volta, un prete fu fermato per eccesso di velocità. Quando il poliziotto si avvicinò al finestrino della sua auto, il prete citò: "Beati i misericordiosi, perché otterranno misericordia".

Porgendogli la multa, il poliziotto citò a sua volta: "Vai e non peccare più!".

Amma dice che un vero conoscitore dell'ātma è il più umile degli umili poiché vede la divinità insita in ogni cosa. Non è questo che vediamo in Amma? Durante il Devi Bhava, Amma inonda tutti i presenti di petali di fiori. Perché? Noi la consideriamo una forma di benedizione, ma ai suoi occhi, Amma sta semplicemente adorando Dio – offrendo fiori a migliaia di manifestazioni del divino. Come disse a un giornalista che le aveva chiesto se fosse venerata dai suoi devoti: "No, no, è il contrario. Sono io che venero loro". Comprendere che 'Non solo io sono Brahman, ma anche tutti gli altri lo sono', è la suprema sorgente dell'umiltà di Amma. Ecco perché la vediamo offrire sempre le sue prosternazioni – alle cose che le vengono offerte, ai suoi devoti e ai visitatori, ai bicchieri d'acqua che le sono dati, a tutto. Purtroppo, vediamo molti illusi ricercatori che diventano sempre più arroganti a ogni Upanishad che studiano. Non è colpa delle scritture, ma dei ricercatori. A volte, Amma scherzando dice che chiamare 'Vedantino' chi non mette in pratica ciò che dice equivale a soprannominare 'Nataraja' uno storpio, o 'Ambujāksi' una donna strabica[6].

Mi ricordo che una volta un nuovo brahmachāri chiese ad Amma se si giunge a un punto in cui una persona deve semplicemente decidere di smettete di agire, o se l'azione cessa spontaneamente. Per distruggere completamente l'idea sbagliata del giovane, ricordo che Amma disse: "Sri Krishna non smise mai di agire e nemmeno Amma. Non è l'azione che va abbandonata, ma l'idea che è il corpo a compiere le azioni".

Più che con le parole, però, Amma combatte i malintesi con la sua stessa vita. In Amma, vediamo qualcuno che irradia veramente la conoscenza suprema in ogni sua parola, in ogni suo sguardo e in ogni suo gesto. La sua conoscenza è perfetta. Per Amma, non esiste altro che la beatitudine divina. Le montagne, il cielo, il sole, la luna, le stelle, le persone, gli animali e gli insetti, per

---

[6] Comuni nomi indiani. Nātaraja, un nome del Signore Shiva, significa 'Signore della danza'; Ambujāksi, un nome della Devi, significa 'Colei che ha occhi di Loto'.

lei non sono altro che differenti raggi di luce riflessi dalle infinite sfaccettature del diamante della coscienza che lei sa essere il suo Sé. In verità, se lo volesse, Amma potrebbe facilmente chiudere gli occhi e ignorare le inezie che noi conosciamo come nomi e forme, vedendole come non più importanti delle mutevoli forme delle nuvole nel cielo infinito. Ma non lo fa, né lo farà mai. Anzi, scende al livello di quelli che devono ancora raggiungere la sua comprensione. Ci stringe, asciuga le nostre lacrime, ascolta i nostri problemi e lentamente, ma con sicurezza, ci eleva. Per Amma, in realtà, tali azioni non sono affatto azioni. Nonostante dedichi ogni momento della sua vita ad aiutare il genere umano, in cuor suo Amma sa che è, è stata e sempre sarà, priva di azione. Per Amma, questo è Vedānta.

Capitolo Dieci

Liberazione in vita e oltre

*"Jīvanmukti non è qualcosa da raggiungere dopo la
morte, o che possa essere sperimentato o elargito in
un altro mondo. È uno stato di perfetta consapevolezza
ed equanimità di cui si può fare esperienza qui e
ora in questo mondo, mentre viviamo nel corpo. Le
anime benedette che hanno raggiunto l'esperienza
dell'altissima verità dell'unità con il Sé, non devono
più rinascere. Si fondono nella coscienza infinita".*

—Amma

Una volta che abbiamo assimilato completamente *ātma
jñāna* (la conoscenza del Sé) abbiamo raggiunto il
culmine della vita spirituale – la trascendenza totale di
ogni sofferenza. Comprendendo di non essere il corpo, la mente
o l'intelletto, ma la coscienza onnipervadente, eterna e beata, non
c'è più alcuna ragione di soffrire per le varie afflizioni mentali che
sono la maledizione dell'umanità. Capendo che il nostro Sé è la
sorgente di ogni felicità, cos'altro c'è da desiderare? Vedendo tutto
come un'estensione del nostro Sé, con chi c'è da arrabbiarsi? Di
chi essere gelosi? Non c'è più alcuna illusione riguardo al mondo.
Diventiamo liberi per sempre e soddisfatti. Questo cambiamento
di identificazione deve diventare permanente e dopo non potremo
più vedere noi stessi o il mondo come prima, perché il nostro
'occhio di saggezza' è stato aperto e non potrà più chiudersi.

È quasi come quei disegni trompe-l'oeil che al loro interno
nascondono un altro disegno. All'inizio, tutto quello che vediamo

è un'immagine ovvia, per esempio una foresta. Pur guardando il più attentamente possibile, non riusciamo a vedere il volto di un uomo tra gli alberi. Altre persone dietro di noi dicono: "Che *significa* che non riesci a vederlo? È proprio *là!*", ma noi continuiamo a vedere solo una foresta. Proviamo e riproviamo, e proviamo ancora, ma tutto quello che percepiamo è sempre e solo una foresta. E poi, all'improvviso, eccolo: è il volto di un uomo. Da quel momento in poi, ogniqualvolta guardiamo il quadro, vediamo quel volto di uomo tra gli alberi. Poi arriva un'altra persona e cerca di vederlo ma non riesce, e noi, adesso, stiamo nel gruppo alle sue spalle a dirgli: "*Suvvia!* È così ovvio! È proprio *là!* Non lo vedi?*". La stessa cosa accade con la realizzazione del Sé. Quando la conoscenza è pienamente assimilata, non c'è ritorno, siamo eternamente liberi e pieni di pace. Questo stato è chiamato *jīvanmukti* – liberazione mentre si è ancora in vita.

Jīvanmukti è un cambiamento della comprensione, non della visione fisica. Si continua a vedere il mondo dualisticamente – le montagne, i fiumi, gli alberi, gli anziani, i giovani, gli uomini, le donne, ecc – ma la comprensione che quelle entità non sono altro che nomi e forme mutevoli sull'eterno sfondo della pura coscienza è sempre presente. È proprio come 'il disegno nel disegno'. Non è che quando riusciamo a vedere il volto non riusciamo più a vedere gli alberi, seguitiamo a vederli, ma la faccia dell'uomo è sempre là che ci fissa. Amma paragona spesso 'la visione' alla consapevolezza che tutti i tipi di gioielli d'oro essenzialmente sono solo oro. Abbiamo questa comprensione, ma non dimentichiamo le differenti funzioni di ciascun pezzo. L'anello da piedi va al piede, le cavigliere alle caviglie, la collana intorno al collo, i braccialetti ai polsi, gli orecchini alle orecchie, l'anello per il naso al naso. Inoltre, sapendo che sono tutti d'oro, li consideriamo così preziosi da trattarli con estrema attenzione. Non è questo che vediamo in Amma? Amma percepisce tutte le nostre differenze e ha modi diversi di mettersi in relazione con noi secondo le nostre rispettive personalità e stati mentali, eppure in ognuno lei vede sempre l'oro.

Ai suoi occhi, ognuno di noi è egualmente prezioso. Questa è la visione con la quale un jīvanmukta vede il mondo intorno a sé.

La visione del jīvanmukta è presentata nella Bhagavad Gita nel verso che tradizionalmente viene recitato prima di mangiare:

brahmārpaṇaṁ brahma havirbrahmāgnau brahmaṇā hutaṁ |
brahmaiva tena gantavyaṁ brahmakarma samādhinā ||

"Il cucchiaio sacrificale è Brahman, l'offerta è Brahman, offerta da Brahman nel fuoco di Brahman; in verità, perviene a Brahman chi nella sua azione conosce soltanto Brahman".

Bhagavad Gita, 4.24

La bellezza di questo verso è che, attraverso le immagini di un rituale vedico, gli elementi di ogni azione sono rivelati come qualcosa che è, in essenza, solo coscienza: lo strumento dell'azione (lo strumento dell'offerta), l'oggetto diretto dell'azione (l'offerta stessa), il soggetto dell'azione (chi dona l'offerta), il luogo dell'azione (il fuoco che riceve l'offerta), e così pure il risultato dell'azione (il merito ottenuto nel donare l'offerta). Ci prefiggiamo di estendere questa visione a tutti gli strumenti dell'azione, gli oggetti dell'azione, i soggetti dell'azione, i luoghi dell'azione e i risultati dell'azione, cioè a ogni aspetto di tutto ciò che accade sotto il sole. Noi recitiamo questo verso prima di mangiare come forma di nidhidhyāsana (assimilazione), ricordando a noi stessi che il cucchiaio è Brahman, il cibo è Brahman, colui che mangia è Brahman, il sistema digestivo è Brahman e anche la soddisfazione provata nel mangiare è Brahman. Milioni di persone in tutto il mondo recitano questo *mantra* quando si siedono per mangiare, ma quanti riflettono davvero sul suo significato? Con un po' di consapevolezza, tali mantra diventano potenti strumenti per ricordare la gloria della nostra vera natura.

Un esempio ispirante

Come figli di Amma, possiamo considerarci molto fortunati ad avere in lei l'esempio vivente di un'anima realizzata. Ogni sua parola e azione può servire a ricordarci lo scopo supremo della vita e a ispirarci ad avanzare verso di esso. Se un bambino è cresciuto in un quartiere dove nessuno ha mai raggiunto il successo, è molto difficile che possa credere di poter a sua volta valere qualcosa. Ma se qualcuno fugge in qualche modo da quel destino e diventa, che so, presidente del paese, sarà una sorgente di ispirazione per tutti coloro che vivono lì. Come quando Roger Bannister superò il record dei quattro minuti nella corsa del miglio. Prima di lui, si riteneva che nessun uomo potesse correre il miglio in quattro minuti. Tuttavia, dopo che Bannister ci riuscì nel 1954, subito diverse persone seguirono prontamente le sue orme. Dunque, non dobbiamo mai sottovalutare il potere degli esempi viventi.

Il semplice incontro con un essere illuminato ci trasformerà. Sicuramente, quando vediamo e osserviamo Amma – l'amore che irradia, la compassione del suo sorriso, la tenerezza del suo sguardo – si verifica un cambiamento perché ci troviamo di fronte alla prova vivente del nostro completo potenziale. Finché non vediamo qualcuno come Amma, chi può biasimarci se crediamo che lo stato della realizzazione del Sé sia solo un mito?

In Amma, vediamo qualcuno che vive la pienezza di ātma jñāna: non prova rabbia, né odio, né gelosia o desideri egoistici, solo compassione per tutti, pace e gioia, indipendentemente dalla situazione esterna. Questi sono tutti risultati diretti della sua comprensione cristallina riguardo a ciò che lei è e a ciò che non è.

La vera libertà

Di questi tempi, molte persone parlano di libertà. Nessuno vuole sentirsi dire cosa deve fare. Vogliamo andare e venire come ci pare e piace. Vogliamo decidere quali vestiti indossare, come tagliarci i capelli, quale tipo di amici avere, chi sposare, da chi divorziare, ecc. In un certo senso, chiamiamo libertà il poter fare liberamente tali scelte. Ma siamo veramente liberi? Se osserviamo con attenzione, vedremo che l'individuo che opera tutte queste scelte personali non è altro che uno schiavo delle sue attrazioni e repulsioni. Se la nostra vera natura è oltre la mente, allora non è un po' strano lasciare che sia la mente a dirigere la nostra esistenza?

Amma sottolinea che, mentre possiamo essere 'liberi' di agire secondo le nostre simpatie e antipatie, non siamo affatto liberi nel modo di reagire alle conseguenze di quelle azioni. Per esempio, siamo liberi di rasarci la testa come un mohicano e tingere la cresta dei capelli di viola, ma quando tutti ridono di noi, abbiamo ancora la libertà di decidere come reagire? No, ci sentiamo tristi, arrabbiati, imbarazzati, ecc. Ci manca la libertà di rispondere con gioia al ridicolo. Così, dice Amma, la nostra libertà è, nella migliore delle ipotesi, limitata. Un jīvanmukta, invece, è libero di decidere sia come agire sia come reagire ai risultati delle sue azioni.

Su questo argomento, ricordo che una volta Amma raccontò un aneddoto divertente. Dopo aver visto qualche devoto americano venire al darshan con la testa rasata e la cresta da moicano, Amma disse: "Oggi, gli anziani vedono le capigliature selvagge dei giovani e ridono. I giovani vedono il taglio di capelli degli anziani, come il *sikha* (ciuffo), e ridono. E poi, giovani e vecchi ridono insieme davanti alla testa rasata di un *sannyasi*! Perciò, nella vita spirituale dovremmo diventare come una testa rasata, offrendo il nostro sé per la felicità degli altri".

Solo quando realizzeremo la condizione di jīvanmukti e non saremo più identificati con la mente, potremo dire di essere veramente liberi. In quello stato, le impressioni del passato non ci influenzeranno più. Ciò non vuol dire che diventeremo degli imbecilli incapaci di ricordare che il fuoco brucia, anzi, saremo capaci di affrontare ogni esperienza con una mentalità fresca e priva di pregiudizi. E quello che vediamo in tali individui è una vita non più motivata ad ottenere cose per se stessi, ma ad ottenere cose per gli altri, donando, anziché prendendo. Prima lavoravamo per i nostri guadagni materiali. Ora lavoriamo felicemente per gli altri. Prima aderivamo al *dharma* come parte del nostro sentiero verso la liberazione. Ora aderiamo al dharma per essere un luminoso esempio che guida il mondo, per portare pace e felicità agli altri. Come dice Krishna:

saktaḥ karmaṇyavidvāṁso yathā kurvanti bhārata |
kuryādvidvāṁstathāsaktaḥ cikīrṣurloka-saṁgraham ||

"Proprio come il non illuminato agisce per attaccamento all'azione, o Arjuna, così l'illuminato agisce senza attaccamento, desiderando solo la prosperità del mondo".

Bhagavad Gita, 3.25

Amma, infatti, dice di essere stata pienamente consapevole della sua natura divina fin dalla nascita, e ciò si vede riflesso nelle azioni della sua vita. Non si è mai vista una persona più dharmica. Fin da bambina serviva gli ammalati e i poveri, prendendo il meno possibile dal mondo e donando il massimo. E oggi la sua intera vita è dedicata non solo a benedire personalmente le persone con il darshan, ma anche ad amministrare una organizzazione internazionale di volontariato. Amma è responsabile di ospedali caritatevoli, strutture sanitarie per malati terminali, orfanotrofi, case per anziani, istituzioni scolastiche, programmi di case per i senzatetto, piani di assistenza, campi medici, opere di soccorso dopo i disastri naturali... l'elenco è senza fine. Nessuna di queste iniziative è nata da qualche vuoto interiore che Amma cerca di riempire compiendo buone azioni, ma piuttosto dal desiderio altruistico di ispirare il mondo col suo esempio. Così trascorre il tempo il jīvanmukta, impegnandosi gioiosamente a servire e a elevare i suoi simili. Quando si comprende pienamente che tutta la gioia che si cerca nel mondo esterno proviene in verità dall'interno, non si smette di agire, si cessa solo di compiere azioni per ottenere la felicità. Quando si è compreso che la penna non è una penna d'oca ma una penna stilografica con la cartuccia d'inchiostro, si continuerà a intingerla ancora nel calamaio? Ovviamente no. Ma si continuerà a scrivere. Il jīvanmukta fa lo stesso.

Videha-mukti

Le scritture dicono che quando un jīvanmukta arriva alla fine della sua vita raggiunge *videha-mukti*. Videhamukti significa 'libertà dal corpo'. Per capire bene questo punto, dobbiamo prima osservare ciò che accade dopo la morte a chi *non* ha raggiunto la realizzazione del Sé.

I santi e i saggi dicono che il corso della vita di un essere umano, e delle sue vite future, è determinato dai frutti delle sue azioni. Amma dice che ogni volta che compiamo un'azione, otteniamo due risultati: uno visibile e uno invisibile. Il risultato visibile è in accordo con le leggi della società, della natura e della fisica, ecc. Il risultato invisibile si manifesta secondo leggi più sottili ed è determinato dalla motivazione che sta alla base della nostra azione. Se questa era nobile e disinteressata, allora il frutto invisibile corrispondente sarà *punya* – un risultato positivo. Se la motivazione era ignobile, egoistica e dannosa per gli altri, il frutto sarà *pāpa* – un risultato negativo. I risultati visibili si manifestano più o meno subito, mentre non è possibile calcolare quando insorgeranno quelli invisibili. Si presentano al momento opportuno – forse in questa vita, forse nella prossima – come condizioni favorevoli o sfavorevoli, secondo le circostanze.

Vi faccio un esempio. Se spingo un uomo, il risultato visibile è che questi si muoverà nella direzione verso la quale ho applicato la forza. Diciamo che l'ho spinto giù da un treno perché volevo fargli del male. In questo caso, la motivazione era ignobile e a tempo debito manifesterà sicuramente un risultato negativo. In una vita futura, forse, qualcuno mi spingerà giù da un treno in corsa. Ma se, al contrario, ho spinto l'uomo giù dal treno perché questo stava per esplodere e volevo salvargli la vita, la mia azione era nobile e un giorno produrrà un risultato positivo. Magari qualcuno salverà anche me da un pericolo. Queste azioni vengono registrate per tutta la vita. Come dice Amma: "Durante la nostra esistenza, tutti i nostri pensieri e le nostre azioni saranno registrati su una guaina sottile che funziona come un registratore. A seconda delle impressioni raccolte durante la sua vita, il *jīva* (l'individuo) prenderà un altro corpo nel quale verranno riprodotti gli effetti delle impressioni registrate".

Questi karma registrati sono suddivisi in tre categorie: *prārabdha karma, sañcita karma* e *āgāmi karma*. Sañcita karma è la nostra intera riserva di karma, buono e cattivo, e include le impressioni delle azioni che abbiamo compiuto durante innumerevoli vite. Prārabdha karma è la parte di karma selezionata dalla riserva sañcita karma che deve maturare in questa vita. È il nostro prārabdha karma a determinare dove nasciamo, da quali genitori, i nostri fratelli e sorelle, il nostro aspetto fisico, ecc. Inoltre, esso determina anche quando e dove moriremo. Āgāmi karma, infine, è il risultato delle azioni che compiamo in questa vita. Alcune potranno dare frutto in questa stessa vita e, alla nostra morte, il bilancio si aggiungerà alla riserva del sañcita karma.

Se esaminiamo questo ciclo, notiamo facilmente che non vi può essere fine. Non c'è speranza di esaurire il proprio karma perché continuiamo a crearne di nuovo ogni giorno. Perciò parlare di 'bruciare tutto il proprio karma' non è corretto, non potrà mai accadere. Il sentiero dell'anima non illuminata è un ciclo eterno di nascita e morte e viene indicato come il ciclo del *samsāra*.

Il jīvanmukta, tuttavia, è in grado di trascendere il karma. Il ciclo può ancora continuare, ma egli ne è 'saltato fuori', per così dire, poiché ha spostato la sua identificazione dal corpo, dalla mente e dall'intelletto, alla coscienza. Nella coscienza, non c'è ego – nessun senso di essere una personalità separata che fa questo e gode di quell'altro. Punya e pāpa – peccato e merito – si creano soltanto quando si agisce dal punto di vista dell'ego.

Immediatamente dopo la realizzazione del Sé, si cessa, dunque, di accumulare nuovo karma.

Diversamente da noi, dopo la morte il jīvanmukta non rinasce. Già identificato con la coscienza onnipervadente mentre è nel corpo, non c'è luogo per lui in cui andare dopo la morte. Semplicemente si fonde nella realtà suprema – con cui era già identificato. Anche se avesse ancora eoni di karma rimasti nella sua riserva di sañcita karma, questo non avrebbe più alcun traguardo da raggiungere. Il traguardo stesso è scomparso. Al risveglio da un sogno, dobbiamo forse pagare i debiti contratti in quel sogno? Ovviamente no. Lo stesso vale per il sañcita karma alla morte del corpo del jīvanmukta.

Il jīvanmukta vive soltanto per via del prārabdha karma. Secondo le scritture, egli continuerà a fare l'esperienza del prārabdha karma fino alla morte. Per spiegare questo concetto, Amma fa spesso l'esempio del ventilatore che continua a girare per un poco anche dopo che lo abbiamo spento. In realtà, si continua a vivere solo a causa del prārabdha karma. È il nostro prārabdha che determina, più o meno, il momento e la causa della nostra morte. Il nostro ultimo respiro arriva quando esso si è esaurito. Poiché è identificato con la coscienza e non col corpo, il jīvanmukta non è molto toccato da alcun prārabdha. Il dolore fisico è semplicemente il dolore fisico ed egli dovrà sopportarlo, ma sapendo di non essere il corpo, quel dolore è in gran parte mitigato. Amma dice inoltre che egli ha il potere di ritirare la sua mente dai sensi a suo piacimento.

Se osserviamo le nostre vite, possiamo notare che il dolore fisico non è la causa maggiore della nostra sofferenza. Principalmente è il dolore emotivo che accompagna il dolore fisico: la paura, la tensione e la preoccupazione. Per esempio, immaginiamo di venire aggrediti mentre camminiamo verso casa dopo il lavoro. L'assalitore ci colpisce in testa e ci ruba il portafoglio. Il dolore fisico non è così terribile, in pochi giorni ci sentiremo meglio, ma la paura può sopravvivere in noi per anni, forse per tutta la vita.

Prendiamo un altro esempio: ci viene diagnosticata una malattia mortale. Ci possono volere anni prima che la malattia manifesti seri sintomi esteriori, eppure la tensione e la paura del futuro ci accompagnano in ogni momento, finendo per distruggere ogni nostra capacità di goderci la vita. Perciò il jīvanmukta farà esperienza del dolore del momento, ma non dell'ansietà e della paura che lo precedono e lo perpetuano.

Oppure, se lo consideriamo da un altro punto di vista, possiamo anche dire che non c'è prārabdha per il jīvanmukta. Come possiamo affermarlo? Perché egli non ritiene in alcun modo di essere il corpo, ma considera se stesso come l'eterna, beata coscienza. E non c'è prārabdha karma per la coscienza, non c'è mai stato né mai ci sarà. Infatti non si può parlare di 'liberazione' o di 'schiavitù' per chi è arrivato veramente a identificarsi con l'ātma. Suona piuttosto strano, ma in ātma jñāna si realizza che sin dall'inizio non si è mai stati schiavi. La coscienza non può mai essere resa schiava. Era solo la mente a esserlo e il jīvanmukta giunge a comprendere di non essere la mente e di non esserlo mai stato.

A questo proposito, la differenza tra jīvanmukti e videhamukti esiste soltanto dalla prospettiva di chi non ha ancora realizzato il Sé. Una persona dotata di ātma jñāna capisce di essere 'libera dal corpo' anche mentre il corpo è ancora vivo. Per lei, tutti i corpi sono uguali, non si identifica col 'proprio' corpo più che con quello di tutti gli altri. Dal suo punto di vista, quella persona non è nel corpo, ma tutti i corpi sono in lei. Questo è ciò che Amma intende quando dice: "La gente chiama questa forma visibile 'Amma' o 'Mata Amritanadamayi Devi', ma il Sé interiore non ha nome o indirizzo. Pervade ogni cosa".

Questa comprensione sarà nostra un giorno: ce lo garantiscono sia le scritture sia Amma. "È solo questione di tempo", dice Amma. "Per qualcuno questa realizzazione è già avvenuta; per altri accadrà da un momento all'altro; e per altri ancora, sopraggiungerà in seguito. Non pensate che non succederà mai solo perché ancora non si è verificata, o perché potrebbe non verificarsi neanche in questa vita. Dentro di voi, una conoscenza immensa sta aspettando il vostro permesso per manifestarsi".

Non c'è nulla di più prezioso della presenza e degli insegnamenti di un *sadguru* vivente come Amma. In questo senso, tutte la nostra vita è pervasa di grazia. Quanto ci avvaleremo di quella grazia dipende da noi. Il 'permesso di manifestarsi' è la nostra sincerità, i nostri sforzi di sintonizzare la nostra mente con quella di Amma, di legare la nostra vita a lei, di dissolvere il nostro egoismo nella sua altruistica volontà divina. Quando lo faremo, scopriremo che Amma è come un catalizzatore che accelera il nostro schiuderci e ci incoraggia a proseguire lungo questo Sentiero senza Tempo.

Om lokāh samastāh sukhino bhavantu

" Om. Possano tutti essere felici nell'universo"

Guida alla pronuncia

"Dio conosce il nostro cuore. Il padre sa che il
bambino lo sta chiamando e lo ama sia che dica
'padre' sia 'papà'. Allo stesso modo, la devozione e la
concentrazione sono gli elementi più importanti".

—Amma

a	*a*
ā	*a* lunga
i	*i*
ī	*i* lunga
u	*u*
ū	*u* lunga
e	*e* (sempre lunga in sanscrito)
o	*o* (sempre lunga in sanscrito)
ai	*e* (aperta)
au	*ao*
r	*ri* (non arrotata)
kh	*ch* (aspirazione forte)
gh	*gh* (aspirazione forte)
ng	*ng* suono nasale
c	*ci*
ch	*c* come in " faccia"
jh	*gi* (aspirazione forte)
ñ	*n* come gn in ogni
th	*t* (aspirazione forte, lingua sulla parte superiore dei denti)
dh	*d* (aspirazione forte, lingua sulla parte superiore dei denti)
ph	*ph* (aspirazione forte)
bh	*bh* (aspirazione forte)
v	*v* (ma più vicina a *w*)
sa	*sa*
śa	*sh*a

h   allunga la vocale che la precede

Le lettere con un punto sotto di esse sono consonanti palatali; si pronunciano con la punta della lingua contro il palato. Le lettere senza tali punti sono consonanti dentali e si pronunciano con la lingua contro la base dei denti. In generale, le consonanti sono pronunciate con un'aspirazione molto lieve a meno che non siano immediatamente seguite da una h (*kh, gh, th, dh, ph, bh*, ecc.), nel qual caso l'aspirazione è forte.

Glossario

Ādi Śankarācārya: il mahātma responsabile del consolidamento della scuola di pensiero dell'Advaita Vedānta. Tra i suoi contributi più importanti ci sono i commentari su 10 Upanishad, sulla Bhagavad Gita e sui Brahma Sūtra.

adityas: semidei, figli di Kaśyapa e Aditi.

āgāmi karma: merito e demerito accumulati con le nostre azioni nella vita attuale.

ahimsa: pratica della non violenza.

ākaśa: l'elemento 'spazio'.

Amrita Niketan: orfanotrofio gestito dal Mata Amritanandamayi Math, situato a Paripalli, distretto di Kollam, Kerala.

Amritapuri: sede dell'ashram principale di Amma, situato a Parayakadav, Alappat Pañcayat, distretto di Kollam, Kerala.

anādi: senza inizio.

ananta: senza fine, illimitato, infinito.

anātma: contrario di ātma – ciò che è altro dal Sé, che è soggetto a mutamento.

añjali mudra: forma di saluto reverenziale, nel quale si uniscono i palmi delle mani a simboleggiare un bocciolo di loto.

aparigraha: non accumulare, astenersi dal prendere quello che non è essenziale per vivere. È l'ultimo dei cinque yama del sistema astānga-yoga di Patañjali.

arati: rituale in cui della canfora ardente viene fatta ondeggiare davanti a un idolo, un'immagine o un mahātma; anche canto eseguito durante lo svolgimento di tale rituale.

archana: forma di adorazione attraverso l'offerta di mantra. Nell'ashram di Amma, la parola indica la recitazione dei 108 nomi di Amma e del Lalita Sahasranāma.

Arjuna: uno dei principali personaggi del Mahābhārata, che diventa discepolo di Krishna e riceve la saggezza esposta nella Bhagavad Gita.

ārta bhakta (ārta): persona la cui devozione a Dio è basata sulla preghiera per la rimozione delle afflizioni.

arthārthi bhakta (arthārthi): persona la cui devozione è basata sulla preghiera per ottenere benefici.

āsana: seggio; posizione yogica.

ashram: monastero indù, dove un guru vive con i suoi discepoli; uno stadio della vita.

astānga yoga: 'yoga delle otto membra', il nome del sistema di yoga in otto fasi elaborato dal saggio Patañjali.

asteya: non rubare, il terzo dei cinque yama del sistema astānga-yoga di Patañjali.

āsuri sampat: attributi demoniaci.

ātma: il Sé – l'eterna, beata coscienza che pervade e illumina la mente, il corpo e l'universo.

ātma-anātma viveka: discriminazione tra ciò che è ātma (il testimone immutabile) e ciò che non è ātma (tutti gli oggetti che sono soggetti a cambiamento).

ātma jñana: conoscenza del Sé.

ātma pūja: rituale eseguito e guidato da Amma prima del Devi Bhava.

ātma samarpanam: abbandono al Sé.

avastha-traya viveka: coscienza discriminante nei tre stati della mente (stato di veglia, stato di sogno e stato di sonno profondo).

Bhagavad Gita: letteralmente, 'il Canto del Signore'. Testo composto da 700 versi presentato nella forma di dialogo tra il guru Krishna e il discepolo Arjuna. È considerato uno dei tre testi fondamentali dell'Induismo.

bhajan: canti devozionali, adorazione.

bhakti: devozione.

bhāva: stato divino.

Bhūta Yajña: protezione della flora e fauna come forma di adorazione del divino, uno dei pañca mahā-yajña.

brahmacāri: discepolo/studente celibe di un guru.

brahmacārya: celibato; il quarto dei cinque yama del sistema astānga-yoga di Patañjali.

brahmacārya āśrama: il primo stadio della vita tradizionale vedica, durante il quale si vive con un guru e si viene da lui istruiti.

Brahman: l'eterna, onnipervadente e beata coscienza che pervade l'individuo e l'universo; realtà ultima secondo la filosofia del Vedānta.

brāhmino/brāhmana: membro della casta sacerdotale.

Brahma Sūtra: 555 aforismi scritti da Veda Vyāsa che contestualizzano e organizzano in modo sistematico gli insegnamenti dei Veda riguardanti la verità suprema; uno dei tre testi autorevoli dell'Induismo.

BrahmaYajña: forma di adorazione che consiste nel venerare il guru e i Veda; uno dei pañca mahā-yajña.

Brhaspati: semidio considerato il guru di tutti i semidei.

buddhi yoga: 'yoga dell'intelletto' – termine usato da Krishna nella Bhagavad Gita per indicare l'attitudine al karma yoga.

cakra: letteralmente 'ruota'; plesso di nervi sottili trattato soprattutto nei sistemi yoga, kundalini e tantra.

dama: controllo dei sensi.

daityas: demoni, figli di Kaśyapa e Diti.

daivi sampat: qualità divine.

darshan: 'visione sacra' – specificatamente avere un incontro con Dio, il guru o un mahātma; l'abbraccio di Amma.

deva: Dio; semidio.

Deva Yajña: forma di adorazione in cui si venera Dio nella forma degli elementi e delle forze naturali; uno dei pañca mahā-yajña.

devata: semidei.

Devi: la Dea, la madre Divina dell'Universo, la manifestazione femminile di Dio.

Devi Bhāva: una forma speciale di darshan in cui Amma assume il contegno e l'abbigliamento della Devi.

dhārana: focalizzazione della mente su un oggetto, il sesto stadio del sistema astānga-yoga di Patañjali.

dharma: codice di azione che prende in considerazione l'armonia del mondo, della società e dell'individuo.

dhyāna: meditazione, il settimo stadio del sistema astānga-yoga di Patañjali.

drg-drśya viveka: discriminazione tra chi vede (il Sé) e ciò che è visto (il non-Sé).

Ganeśa: forma di Dio rappresentata da una testa di elefante che simboleggia la Divinità suprema o un semidio incaricato di rimuovere gli ostacoli.

Gaudapādācārya: il 'grandioso guru' di Ādi Śankarācārya, l'autore di un famoso commentario sulla Māndūkya Upanishad.

grhasta āśrama: vita di famiglia – il secondo stadio della vita secondo la tradizionale vedica.

guru: maestro spirituale che insegna ai discepoli.

guru bhāva: 'lo stato divino del guru' – indica il ruolo di insegnante e disciplinatore.

guru seva: azioni compiute dietro indicazione del guru o come offerta al guru.

Guruvāyūrappan: forma del Signore Krishna installata in Kerala, nel tempio conosciuto come Guruvāyūr.

Hanumān: Personaggio del poema epico Ramāyana, rappresentato come una scimmia divina, totalmente devoto al Signore Rama; è da molti adorato come Dio.

hatha yoga: posizioni ed esercizi fisici per preparare il corpo, l'energia e la mente alla meditazione.

himsa: violenza.

IAM (Integrated Amrta Meditation Technique – Tecnica di Meditazione Integrata Amrita): tecnica di meditazione sintetizzata da Amma e insegnata in tutto il mondo dal Māta Amritanandamayi Math.

Īśvara pranidhānam: resa al Signore; l'ultimo dei cinque niyama del sistema astānga-yoga di Patañjali.

japa māla: rosario usato per ottenere concentrazione e contare i mantra recitati.

jijñāsu: chi è dotato di jijñāsa – chi arde dal desiderio di conoscere la Verità/Dio.

jīvanmukta: chi ha raggiunto lo stato di jīvanmukti – liberazione da ogni dolore mentre si è in vita.

jīvātma-paramātma-aikya jñānam: conoscenza che la coscienza individuale è la stessa coscienza universale.

jñāna: conoscenza, specialmente in relazione all'ātma.

jñāna yoga: pratica di apprendimento e assimilazione delle verità spirituali insegnata al discepolo da un maestro vivente.

jñānendriya: (jñāna + indriya) 'organo di conoscenza', gli organi di senso (orecchie, occhi, naso, lingua e pelle).

kabadi: sport indiano in cui due squadre occupano le due metà opposte di un campo e a turno mandano un loro atleta nella metà campo avversaria. L'atleta cerca di ritornare nella sua metà campo trattenendo il fiato per tutta la corsa.

kārika: commentario in versi.

karma: azione.

karma yoga: attitudine con cui si compiono azioni e se ne raccolgono frutti e attraverso la quale si trascendono attrazioni e avversioni.

karma yogi: chi è impegnato nel karma yoga.

karmendriya: (karma+ indriya) organo di azione (mani, gambe, lingua, organi di riproduzione e organo di evacuazione).

kasāya: incapacità di raggiungere un totale assorbimento nella meditazione a causa di desideri rimasti nella mente subconscia.

kottu kallu kali: gioco infantile indiano simile alle bocce.

Krishna: incarnazione di Dio in forma umana che visse circa 5.000 anni fa nel nord dell'India.

Krishna Bhava: particolare forma di darshan nel quale Amma assumeva l'abbigliamento e i modi di Śri Krishna.

laksya bodha: costante consapevolezza della meta.

Lalita Sahasranāma: litania dei 1.000 nomi della Madre Divina che ne descrivono le virtù e attributi.

laya: fusione; sonno, un ostacolo alla meditazione.

līla: gioco divino, vedere la vita come un gioco in cui agire in modo distaccato.

loka samgraha: elevare il mondo; le azioni di un'anima che ha realizzato il Sé hanno questo unico scopo.

mā: sillaba che simboleggia l'amore divino, usata nella meditazione Mā-Om di Amma.

Mā-Om Meditazione: tecnica di meditazione sviluppata da Amma in cui si sincronizza l'inspirazione e l'espirazione rispettivamente con le sillabe mā e om.

Mahābhārata: grande poema epico scritto dal saggio Veda Vyāsa, nel quale si trova la Bhagavad Gita.

mahātma: (mahā+ātma) grande anima, guru, santo, saggio, ecc.

manana: il secondo stadio dello jñāna yoga; rimuovere tutti i dubbi attraverso la riflessione e ponendo domande al guru.

mānasa pūja: adorazione mentale formale o informale.

mantra: formula sacra recitata per favorire la concentrazione della mente e come preghiera.

mantra dīkṣa: iniziazione a un mantra.

Manusya Yajña: forma di adorazione in cui si venera il divino presente in ciascuno dei nostri fratelli umani; uno dei pañca mahā-yajña.

mārga: sentiero.

mārmika: maestro nella scienza della digitopressione dei punti vitali.

māya: illusione; che ha solo esistenza temporanea, che muta.

moksa: liberazione.

mumukṣutvam: intenso desiderio di liberazione.

Nārāyana: un nome del Signore Vishnu.

Nātaraja: (nāta+rāja) 'il re della danza', un nome del Signore Shiva.

nidhidhyāsana: il terzo e ultimo aspetto dello jñāna yoga, assimilazione di ciò che si è appreso.

nirguṇa meditation: meditazione sull'ātma, il Sé; privo di ogni qualità.

niśkāma karma: azioni compiute senza desiderio egoistico.

niṣiddha karma: azioni proibite dalle scritture.

niyama: osservanza prescritta per uno yogi – il secondo stadio del sistema astānga-yoga di Patañjali.

Om: sillaba sacra che rappresenta Dio con o senza forma; l'essenza dei Veda.

pāda pūja: adorazione rituale in cui i piedi di un mahātma (simboleggianti la conoscenza del Sé) vengono lavati con offerte che includono acqua di rose, burro chiarificato, miele, yogurt, acqua di cocco e latte.

padmāsana: (padma+āsana) 'posizione del loto', una postura seduta per la meditazione in cui ciascuna gamba poggia sulla coscia della gamba opposta.

pañca mahā-yajña: cinque grandi forme di adorazione che secondo i Veda devono essere eseguite quotidianamente dai capofamiglia sino a quando si prendono i voti di sannyasa o si muore.

pāpa: demerito generato da azioni egoistiche che feriscono gli altri.

parampara: lignaggio, in particolare una successione nella linea guru-discepolo.

Patañjali: saggio del primo o secondo secolo a.c. che compose gli Yoga Sūtra e importanti testi di grammatica sanscrita e Āyurveda (medicina tradizionale indiana).

pītham: seggio sacro su cui tradizionalmente siede il guru.

Pitr Yajña: offerta agli antenati e cura degli anziani come forma di adorazione; uno dei pañca mahā-yajña.

prāna: forza vitale, respiro.

prāna vīksana: osservare il respiro.

Glossario

pranām: prosternarsi in segno di umiltà e rispetto, anche con le mani in añjali mudra o toccando i piedi con riverenza.

prānāyāma: (prāna+āyāma) 'prolungamento del respiro': indica i metodi di controllo del respiro usati per migliorare la salute e ottenere concentrazione nella meditazione – il quarto stadio del sistema astānga-yoga di Patañjali.

prārabdha karma: risultati delle azioni compiute nel passato che danno frutti nella vita attuale.

prasād: offerta consacrata, cibo ricevuto dal guru.

pratyāhāra: ritiro dei sensi dagli oggetti di senso, il quinto stadio del sistema astānga-yoga di Patañjali.

pūja: adorazione, culto rituale.

pūja room: stanza adibita all'adorazione e alla meditazione.

punya: merito, risultato invisibile di azioni compiute con intenzioni nobili a beneficio degli altri.

rāga: scala modale della musica classica indiana; attaccamento.

Ramana Maharshi: mahātma vissuto dal 1879 al 1950 nel Tamil Nadu.

Ranganāthan: forma del Signore Vishnu installata in un tempio a Tiruccirapalli, Tamil Nadu.

rasāsvada: (rasa+asvada) 'assaggio della beatitudine', un ostacolo alla meditazione.

rsi: un maestro che ha realizzato il Sé, riferito spesso agli antichi saggi che per primi diedero voce ai mantra e alle verità vediche.

sadguru: un maestro spirituale illuminato.

sādhana: mezzo per raggiungere un fine; pratica spirituale.

sādhana catustaya sampatti: le quattro qualificazioni della Conoscenza del Sé: viveka, vairāgya, mumuksutvam e śamādi sadka-sampatti.

Sādhana Pañcakam: testo di cinque versi che enumera le 40 istruzioni spirituali scritte da Ādi Śankarācārya.

sagarbha prānāyāma: sincronizzare il respiro con la recitazione dei mantra.

saguna meditation: meditazione su un oggetto dotato di qualità.

sahaja samādhi: 'samādhi naturale', assorbimento permanente della mente nella coscienza, basato sulla conoscenza che l'essenza di tutto non è altro che coscienza.

sakāma karma: azioni compiute allo scopo di ottenere qualche fine materiale.

sakha: amico.

sāksi bhāva: atteggiamento del testimone riguardo al mondo esterno e alle funzioni della mente.

śama: controllo della mente.

samādhāna: concentrazione su un punto.

samādhi: totale assorbimento privo di sforzo nel campo prescelto di meditazione, lo stadio finale del sistema astānga-yoga di Patañjali.

śamādhi sakta sampatti: le sei qualificazioni che iniziano con śama (controllo della mente) – śama, dama, uparama, titiksa, śraddha, samādhana.

samskāra: qualità mentali presenti alla nascita in base alle vite precedenti; riti induisti di passaggio.

Sanātana Dharma: nome dell'Induismo, il cui significato è 'Eterna Via della Vita', una vita basata sul dharma. I suoi principi sono universali ed eterni.

sañcita karma: riserva totale di karma di una persona non ancora manifesto.

sandhyā vandanam: serie di preghiere e prosternazioni rituali compiute da indù ortodossi, specialmente brāhmana, al tramonto e all'alba.

sangha: comunità.

sankalpa: potente risoluzione; concetto.

sannyāsa āśrama: quarto e ultimo stadio della vita, secondo la tradizione vedica, in cui si rinuncia a tutte le relazioni e si passa alla vita monastica.

sannyāsi: chi è stato iniziato al sannyāsa, vita monastica.

Sant Jñāneśvar: santo vissuto nel 13° secolo vicino a Pune, autore di un celebre commentario sulla Bhagavad Gita.

santosam: appagamento, il secondo dei cinque niyama del sistema astānga-yoga di Patañjali.

sāri: abito tradizionale femminile indiano.

śarīra-traya viveka: discriminare tra ātma e i tre corpi (grossolano, sottile e causale).

śāstra: scrittura.

śāśvata: eterno, senza tempo.

satsang: discorso spirituale; trascorrere del tempo alla presenza di santi, saggi e ricercatori spirituali.

satya: verità, il secondo dei cinque yama del sistema astānga-yoga di Patañjali.

śaucam: pulizia, il primo dei cinque niyama del sistema astānga-yoga di Patañjali.

seva: servizio disinteressato.

Shiva: forma di Dio che simboleggia, secondo il contesto, la forza cosmica della dissoluzione o la suprema divinità; coscienza; buon auspicio.

śraddha: (sanscrito) agire con fede nel guru e nelle scritture; (malayālam) vigilanza nelle proprie azioni, parole e pensieri.

śravana: ascoltare insegnamenti spirituali, il primo dei tre stadi nello jñāna yoga.

Śrīmad Bhāgavatam: il Bhagavata Purāna, testo attribuito a Veda Vyāsa che descrive le varie incarnazioni del Signore Vishnu, inclusa la vita di Krishna.

Śuka Muni: il figlio illuminato di Veda Vyāsa.

sūtra: aforisma, conoscenza racchiusa in versi brevi.

svādhyāya: studio del Sé, ad esempio lo studio delle scritture che trattano del Sé; quarto niyama del sistema astānga-yoga di Patañjali.

tabla: tamburo indiano.

tamas: guna (caratteristica) di letargia, ignoranza e accidia.

tapas: austerità, il terzo dei cinque niyama del sistema astānga-yoga di Patañjali.

titiksa: capacità di conservare pazienza ed equilibrio nelle varie esperienze della vita, come caldo e freddo, piacere e dolore, ecc.

Upadeśa Sāram: 'L'essenza della Saggezza', testo sulle pratiche spirituali e sul Sé, scritto da Ramana Maharsi.

Upanisad: insegnamento vedico in cui è spiegata la natura del Sé; la parte filosofica dei Veda.

uparama: risoluto, saldo rispetto del proprio dharma.

vairāgya: imparzialitá, distacco.

vānaprastha āśrama: terzo stadio della vita, secondo la tradizione vedica, in cui si abbandona la propria casa per vivere una vita di meditazione nella foresta o nell'eremitaggio di un guru.

Varuna Deva: semidio che presiede all'acqua, specificatamente agli oceani e alla pioggia.

vāsana: tendenze mentali, latenti o manifeste.

Veda: i testi principali dell'Induismo, in numero di quattro: Rg Veda, Sāma Veda, Atharva Veda e Yajur Veda. Ciascun Veda è diviso approssimativamente in quattro sezioni: samhita, brāhmana, aranyaka, upanisad che trattano rispettivamente della recitazione dei mantra, dei rituali, della meditazione e della conoscenza suprema. I Veda non sono stati scritti dall'uomo, ma si dice siano stati rivelati dal Signore ai saggi nella profondità delle loro meditazioni. Originariamente, i Veda erano insegnati oralmente. Furono codificati e scritti soltanto 5.000 anni fa.

Veda Vyāsa: saggio molto importante nella storia dell'Induismo. Gli si attribuisce la compilazione dei Veda e la scrittura dei Brahma Sūtra, del Mahābhārata, dello Śrīmad Bhāgavatam e di molti altri importanti testi indù.

videha-mukta: chi ha raggiunto videha-mukti, la libertà totale dal corpo e dal ciclo infinito di nascita e morte.

viksepa: agitazione mentale, un ostacolo alla meditazione.

Vishnu: forma di Dio, simbolo della Divinità suprema, o della forza cosmica che sostiene l'universo, secondo il contesto.

viveka: pensiero discriminante, in particolare la capacità di discriminare tra l'eterno (il Sé) e il non-eterno (il non-Sé).

viveka buddhi: intelletto purificato dotato del potere del pensiero discriminante.

yajña: rito vedico, forma di adorazione, attitudine alla base di ogni azione che aiuta a raggiungere la realizzazione del Sé.

yama: attività proibita, il primo stadio del sistema aṣṭānga-yoga di Patañjali.

yoga: unire, fondere.

Yoga Sūtra: raccolta di 196 aforismi scritti dal Saggio Patañjali in cui è enunciato il sistema aṣṭānga-yoga.

Yudisthira: il più anziano dei cinque Pandava, i nobili fratelli del poema epico Mahābhārata.

www.ingramcontent.com/pod-product-compliance
Lightning Source LLC
LaVergne TN
LVHW020352090426
835511LV00040B/3008